AF559163

FIT-IM-KOPF-
Vorlesebücher

Das bisschen Haushalt?!

SCHMUNZELGESCHICHTEN

zum Gedächtnistraining
mit Übungen für Senioren

Petra Bartoli y Eckert | Sabine Kelkel

Verlag an der Ruhr

Impressum

Titel
Fit-im-Kopf-Vorlesebücher für Senioren
Das bisschen Haushalt?!
Schmunzelgeschichten zum Gedächtnistraining mit Übungen

Autorinnen
Petra Bartoli y Eckert, Sabine Kelkel

Motive für Umschlag, Schmutztitel und Kapiteldeckblätter
Frau: © GeraKTV; Hintergund: © kotina; Zahnräder: © cirquedesprit – alle Fotolia.com

Icons Innenteil
Zahnräder: © cirquedesprit – Fotolia.com

Druck
Grafisches Centrum Cuno, Calbe, DE

Verlag an der Ruhr
Mülheim an der Ruhr
www.verlagruhr.de

Urheberrechtlicher Hinweis

Das Werk und seine Teile sind urheberrechtlich geschützt. Jede Verwendung in anderen als den gesetzlich zugelassenen Fällen bedarf der vorherigen schriftlichen Einwilligung des Verlages. Der Verlag untersagt ausdrücklich das Herstellen von digitalen Kopien, das digitale Speichern und Zurverfügungstellen dieser Materialien in Netzwerken (das gilt auch für Intranets von Pflege- und Altersheimen sowie Bildungseinrichtungen), per E-Mail, Internet oder sonstigen elektronischen Medien außerhalb der gesetzlichen Grenzen. Keine gewerbliche Nutzung. Zuwiderhandlungen werden zivil- und strafrechtlich verfolgt.

Soweit in diesem Produkt Personen fotografisch abgebildet sind und ihnen von der Redaktion fiktive Namen, Berufe, Dialoge u. Ä. zugeordnet oder diese Personen in bestimmte Kontexte gesetzt werden, dienen diese Zuordnungen und Darstellungen ausschließlich der Veranschaulichung und dem besseren Verständnis des Inhalts.

Wichtiger Hinweis

Die Inhalte im Buch sind von den Autorinnen mit großer Sorgfalt erarbeitet und ausgewählt worden, stellen jedoch keine therapeutischen Maßnahmen dar. Nehmen Sie dennoch eine genaue Prüfung entsprechend Ihrer Situation vor und wägen verantwortungsvoll ab, welche Übungen Sie mit welchen Personen durchführen. Wenn Unsicherheiten oder bereits bestehende Erkrankungen/Allergien vorliegen, klären Sie die Anwendung mit der Pflegedienstleitung oder dem behandelnden Arzt ab. Die Autorinnen und der Verlag übernehmen weder für die Aktualität, Korrektheit und Vollständigkeit der bereitgestellten Inhalte eine Gewähr noch dafür, dass diese für Ihren individuellen Einzelfall geeignet und ausreichend sind. Alle Inhalte dienen ausschließlich der Information, ebenso wie deren Durchführung ausschließlich in eigener Verantwortung des Anwenders erfolgt.

© Verlag an der Ruhr 2019
ISBN 978-3-8346-4133-5

Inhaltsverzeichnis

Merkgeschichten

Bewegungsgeschichten

Knobelgeschichten

Wahrnehmungsgeschichten

Merkgeschichten

Mit diesen Geschichten trainieren Sie die **Merkfähigkeit**, um das Arbeitsgedächtnis (Kurzzeitgedächtnis) und das Erinnerungsvermögen wieder in Schwung zu bringen.
Die Fitness des Arbeitsgedächtnisses ist in jeder Situation unseres Lebens von Bedeutung. Ein gezieltes Training steigert unsere Merkfähigkeit und verringert zugleich die Ursachen für Vergesslichkeit. Wer sich also im Alltag mehr Dinge merken möchte, für den sind die Geschichten dieses Kapitels genau das Richtige.

Der beste Pilzplatz

Die folgende **Merkgeschichte** beinhaltet eine Wegbeschreibung, die zu einem geheimen Platz führt, an dem viele Steinpilze zu finden sind. Die Geschichte ist so aufgebaut, dass Sie als Vorleser die Geschichte bis zur farblich gekennzeichneten Stelle vorlesen und so lange pausieren, bis Ihre Teilnehmer die fehlende Wegbeschreibung nennen.

Lesen Sie die Geschichte erneut langsam vor und stellen Sie Ihren Teilnehmern vorab – je nach Leistungsfähigkeit – eine oder mehrere der folgenden Aufgaben:

- Merken Sie sich, wie die beiden Männer in der Geschichte heißen. *(Hartmut und Wolfgang)*
- Merken Sie sich, wo es die besten Pilzplätze gibt. *(Neudorfer Forst)*
- Merken Sie sich, was in Hartmuts Armbeuge baumelt und was er in seiner Hosentasche hat. *(Weidenkorb und Taschenmesser)*
- Merken Sie sich, an welcher Stelle Hartmut den Neudorfer Forst betritt. *(bei der kleinen Kapelle)*
- Merken Sie sich, wie lange Hartmut zu Fuß von seinem Haus in den Wald braucht. *(15 Minuten)*
- Merken Sie sich, an welchen Bäumen Hartmut vorbeigehen soll. *(Eiche, Fichte, Buchen)*
- Merken Sie sich, wie viele Schritte Hartmut bis zu den ersten Buchen gehen muss. *(30 Schritte)*
- Merken Sie sich, wie oft das Wort „Pilze“ in der Geschichte vorkommt. *(13-mal)*

© vitals – Fotolia.com

Der beste Pilzplatz

Hartmuts Freund Wolfgang kennt im Neudorfer Forst die besten Plätze, an denen man Pilze sammeln kann. Heute morgen ist es Hartmut endlich gelungen: Er hat Wolfgang den Geheimplatz entlockt, an dem es jede Menge Steinpilze geben soll.

Am frühen Nachmittag macht sich Hartmut auf den Weg. In seiner Armbeuge baumelt ein kleiner Weidenkorb. In der Hosentasche hat er ein Taschenmesser. Von seinem Haus bis zum Wald braucht er zu Fuß 15 Minuten. Bei der kleinen Kapelle betritt Hartmut den Neudorfer Forst. Er murmelt die Wegbeschreibung von Wolfgang immer wieder vor sich hin. **Hören Sie gut zu und versuchen Sie, sich den Weg zu merken:** „An der großen Eiche links, 20 Schritte den Waldweg entlang. Dann bei der Fichte mit dem üppigen Moosbewuchs rechts. Am Dickicht entlang. Dann 30 Schritte bis zur Stelle, an der die ersten Buchen stehen."

Hartmut legt den Kopf in den Nacken. Er steht direkt unter der großen Eiche. Vor ihm knackt und raschelt es. Hartmut hört schnelle Schritte, die sich entfernen. „Bestimmt ein Reh, das nun Reißaus nimmt", brummt er. Das hat ihn ganz aus dem Konzept gebracht. Wie war noch mal der Weg zum Steinpilzplatz? Versuchen Sie, den Weg gemeinsam mit Hartmut zu vervollständigen: An der großen Eiche **links**. Genau. Hartmut geht los. Er zählt die Schritte. Wie viele waren es noch mal den Waldweg entlang? Zehn? Oder 30? Nein, **20** Schritte! Hartmut zählt genau mit. 18, 19, 20. Er bleibt stehen und atmet tief ein. Wie würzig die Waldluft riecht. Herrlich! Jetzt aber weiter. Hartmut kratzt sich am Kopf. Er erinnert sich, dass er jetzt den Waldweg verlassen muss. Aber in welche Richtung? Er blickt sich um. Vor ihm steht eine hohe Fichte. Pelziges Grün bedeckt an einer Seite den Stamm. Richtig! Bei der Fichte mit dem üppigen Moosbewuchs muss er nach **rechts**. Auf der linken Seite stehen unzählige kleine, dicht aneinandergedrängte Nadelbäume. Hier ist er richtig, denn er muss am **Dickicht** entlang. Jetzt heißt es wieder Schritte zählen. Wie viele muss er gehen? Verflixt! Hartmut kann sich einfach nicht erinnern. Er runzelt die Stirn und versucht, sich zu konzentrieren. 40 Schritte? Nein, jetzt fällt es Hartmut wieder ein. Bis zur Stelle, an der die ersten Buchen stehen, muss er genau **30** Schritte gehen.

Voller Vorfreude geht Hartmut los. Er kann den Duft der Pilze schon riechen. Während Hartmut mitzählt, sieht er einige Meter vor sich bereits die hohen Buchen stehen. 28, 29, 30. Geschafft! Er blinzelt und blickt zu Boden. Hier müssen unzählige Steinpilze wachsen. Hartmut muss sie eigentlich nur noch einsammeln. Er sucht mit seinen Augen jeden Zentimeter des Waldbodens rund um die Buchen ab. Nichts! Kein einziger Pilz weit und breit. Ob Wolfgang ihn zum falschen Platz geführt hat? Da! Hartmut hat etwas entdeckt. Direkt vor seinen Füßen müssen vor Kurzem noch Pilze gestanden haben. Jetzt kann Hartmut nur noch abgeschnittene Pilzstiele sehen. Das gibt es doch nicht!

Plötzlich hört Hartmut hinter sich ein lautes Knacken. Erschrocken fährt er herum. Ein Mann tritt zwischen den Bäumen auf Hartmut zu. „Wolfgang!“, ruft Hartmut erstaunt. „Was machst du denn hier?“ Da sieht er, dass am Arm seines Freundes ein Korb baumelt. Und der ist bis an den Rand gefüllt mit den herrlichsten Steinpilzen. „Ja, glaubst du etwa, ich verrate dir meinen besten Steinpilzplatz und lasse dich dann einfach so dort Pilze sammeln?“, lacht Wolfgang. Hartmut schüttelt ungläubig den Kopf. Da hat ihn Wolfgang aber ganz schön hereingelegt.

„Komm doch nachher bei mir vorbei. Dann koche ich uns eine leckere Pilzpfanne“, kichert Wolfgang. Da ist Hartmuts Ärger verflogen. Jetzt muss er auch lachen. Nein, so ein Schelm, dieser Wolfgang!

Gedächtnisübungen

1. Brainstorming

Die Teilnehmer suchen nach Namen von essbaren Pilzen.

Beispiele: Champignon, Pfifferling, Hallimasch, Morchel, Parasolpilz …

2. Pilz-Silbenrätsel

Schreiben Sie nachfolgende Silben an ein Flipchart oder an eine Tafel. Aufgabe der Teilnehmer ist es, herauszufinden, welche Pilze gesucht sind.

Beispiele:

a. PIG – SEN – NON – CHAM – WIE = Wiesenchampignon
b. FEL – VIST – KAR – BO – TOF = Kartoffelbovist
c. PEL – MEL – PILZ – SEM – STOP = Semmelstoppelpilz
d. TER – LEN – PILZ – KNOL – BLÄT = Knollenblätterpilz

3. Wortkette von Pilz zu Pilz

Schreiben Sie nachfolgende Wörter an ein Flipchart oder an eine Tafel. Aufgabe der Teilnehmer ist es, die Wörter in die richtige Reihenfolge zu bringen. Es entsteht eine Wortkette aus zusammengesetzten Wörtern. Die Wortkette beginnt und endet mit dem Wort „Pilz".

Beispiel:

Pilz – Heft – Gruppen – Kuchen – Stein – Rahmen – Rand – Affen – Kopf – Programm – Bilder – Klammer – Teller – Nuss – Zahn – Pilz

Lösung:

Pilz – Kopf – Nuss – Kuchen – Teller – Rand – Gruppen – Bilder – Rahmen – Programm – Heft – Klammer – Affen – Zahn – Stein – Pilz

Erste Schublade rechts

Die folgende **Merkgeschichte** beinhaltet verschiedene Büroartikel, die gesucht werden. Die Geschichte ist so aufgebaut, dass Sie als Vorleser immer den Anfang des Aufenthaltsortes eines Büroartikels vorlesen und so lange pausieren, bis Ihre Teilnehmer den gesuchten Ort ergänzt haben. Die zu nennenden Ergänzungen sind für Sie als Vorleser zur schnelleren Erkennbarkeit farbig hervorgehoben.

Lesen Sie die Geschichte erneut langsam vor und stellen Sie Ihren Teilnehmern vorab – je nach Leistungsfähigkeit – eine oder mehrere der folgenden Aufgaben:

- Merken Sie sich, wie der Chef von Gerda heißt. *(Herr Teichmann)*
- Merken Sie sich, wie lange Gerda bereits als Sekretärin für ihren Chef arbeitet. *(drei Jahre)*
- Merken Sie sich, warum Gerda ihrem Chef Zettel schreiben muss. *(sie ist heiser)*
- Merken Sie sich, nach welchem Gegenstand Gerdas Chef zuerst fragt. *(nach den Büroklammern)*
- Merken Sie sich, wo der Locher steht. *(neben der Schreibtischlampe)*
- Merken Sie sich, aus welchen Gründen Gerda von ihrem Chef gelobt wird. *(weil Gerda so einfallsreich ist und einen so guten Überblick hat)*
- Merken Sie sich, für welche Büroartikel Gerda Zettel schreibt. *(grauer Füller, Schreibblock, Mappe mit den Kundenadressen, Terminkalender)*

© Tatyana Sidyukova – Fotolia.com

Erste Schublade rechts

„Wo sind denn die Büroklammern?“, fragt Herr Teichmann. Immer das Gleiche mit dem Chef! Seit drei Jahren arbeitet Gerda nun für ihn als Sekretärin. Und sie hat noch nie einen Tag erlebt, an dem er nicht nach irgendeinem Gegenstand sucht. Dabei ist doch immer alles an derselben Stelle. Gerda hält schließlich Ordnung im Büro. Und natürlich kann sie ihrem Chef über jeden Gegenstand Auskunft geben. Doch heute ist alles anders. Denn heute ist Gerda heiser.

„Erste Schublade rechts“, will sie sagen. Aber es kommt nur ein Krächzen aus ihrem Hals.
„Wie bitte?“, fragt Herr Teichmann.
Gerda steht auf, geht zum Schreibtisch ihres Chefs und zieht die erste Schublade rechts auf. Selbstverständlich liegen dort die Büroklammern.
Es vergehen keine fünf Minuten, bis Herr Teichmann wieder vor Gerdas Tisch steht. „Wo ist denn der Locher?“, fragt er.
Wieder steht Gerda auf und geht zum Schreibtisch ihres Chefs. Der Locher steht wie immer neben der Schreibtischlampe. Nein, so kann das nicht weitergehen! So kommt sie ja selbst gar nicht zum Arbeiten.
Plötzlich hat Gerda eine Idee. Zurück an ihrem Tisch greift sie nach dem Notizblock.

Sie weiß haargenau, wonach ihr Chef tagtäglich sucht. **Hören Sie gut zu und versuchen Sie, sich die Orte der Gegenstände zu merken:**
Der graue Füller? Der liegt in der zweiten Schublade links.
Der Schreibblock? Der ist in der dritten Schublade rechts.
Die Mappe mit den Kundenadressen? Die ist im linken Regal.
Der Terminkalender? Der liegt in der ersten Schublade links.
Gerda beschriftet ein Blatt nach dem anderen.

Auf jeden Zettel schreibt sie eine Ortsangabe. Sie muss auch gar nicht lange warten, bis der erste Zettel zum Einsatz kommt.

Wissen Sie noch, wo die Gegenstände liegen? Versuchen Sie, die Orte der Gegenstände gemeinsam mit Gerda zu vervollständigen:
„Gerda, können Sie mir sagen, wo die Mappe mit den Kundenadressen ist?", fragt Herr Teichmann.
Ohne aufzublicken, hebt Gerda den Zettel mit der Aufschrift „Im **linken Regal**".
„Wie bitte?", fragt Gerdas Chef. Gerda seufzt und wedelt mit dem Zettel.
„Ah, verstehe", murmelt Herr Teichmann und macht sich auf den Weg zum Regal.
Drei Minuten später fragt der Chef: „Wo ist denn der Terminkalender?"
Gerda zeigt ihm den Zettel mit der Aufschrift „In der ersten **Schublade links**".
Kurz darauf sucht Herr Teichmann erneut einen Gegenstand: „Wo finde ich denn den grauen Füller?" Gerda greift nach dem Zettel mit der Aufschrift „In der zweiten **Schublade links.**"
„Und der Schreibblock?", fragt er weiter. Sofort hebt Gerda den Zettel mit der Aufschrift „In der dritten **Schublade rechts**".
Herr Teichmann tritt an Gerdas Tisch heran.
„Liebes Fräulein Gerda, Sie sind wirklich einfallsreich. Und ich freue mich, dass Sie so einen guten Überblick haben."
Gerda hebt den Kopf und sieht ihren Chef lächelnd an.
„Aber das mit den Zetteln kann keine Dauerlösung sein. Wann reden Sie denn wieder mit mir?", will er wissen.
Gerda macht den Mund auf, um ihrem Chef zu antworten. Doch dann schnappt sie sich einen Zettel und schreibt darauf: „Morgen. Bestimmt!"

Gedächtnisübungen

1. Dienstleistungsberufe gesucht

Die Teilnehmer überlegen, welche Berufe als Dienstleistungsberufe anzusehen sind.

Beispiele: Lehrer, Geburtshelfer, Altenpfleger, Buchhalter, Feuerwehrmann, Friseur, Lokführer, Krankenpfleger, Bademeister …

2. Versteckte Büroartikel und Gegenstände

Schreiben Sie nachfolgende Buchstabenkombinationen an ein Flipchart oder an eine Tafel. Aufgabe der Teilnehmer ist es, herauszufinden, welche Büroartikel und Gegenstände gesucht sind. Hierzu darf nur jeder **zweite** Buchstabe gelesen werden.

Beispiele:

a. qPdAyPnIvEuRpKrOzRgB = PAPIERKORB
b. zBcÜtRsOaSrTgUbHmL = BÜROSTUHL
c. bCfOrMePxUkTnEzRjMdAsUwS = COMPUTERMAUS
d. wKaUyGfEtLuSkCpHsRvEnIkBoEgR = KUGELSCHREIBER
e. sBtRkImEuFhÖjFkFrNdExR = BRIEFÖFFNER
f. mFhArXwGsEyRbÄcT = FAXGERÄT

3. Anagramm

Schreiben Sie das Wort „Terminkalender" an ein Flipchart oder an eine Tafel. Aufgabe der Teilnehmer ist es, möglichst viele neue Wörter aus den vorhandenen Buchstaben zu bilden. Wurde ein Wort gefunden, dürfen für das nächste Wort wieder alle Buchstaben verwendet werden.

Beispiele: Termin, Tina, Erika, Akelei, Rad, Maler, Inder, Nadel …

Drei Hemden und zwei Hosen, bitte!

Die folgende **Merkgeschichte** beinhaltet verschiedene Kleidungsstücke. Lesen Sie die Geschichte langsam vor und stellen Sie Ihren Zuhörern vorab – je nach Leistungsfähigkeit – eine oder mehrere der folgenden Aufgaben:

- Merken Sie sich, wer zur Reinigung muss. *(Karin)*
- Merken Sie sich, wann Karin die Kleider in der Reinigung abgegeben hat. *(letzte Woche)*
- Merken Sie sich, was Karin sucht. *(den Abholschein)*
- Merken Sie sich, wo sie in der Regel alle wichtigen Unterlagen aufbewahrt. *(in der Küchenschublade)*
- Merken Sie sich, wer hinter dem Tresen in der Reinigung steht. *(eine Dame im weißen Kittel)*
- Merken Sie sich, welche Personen in der Geschichte vorkommen. *(Karin, Wolfgang, eine Dame im weißen Kittel, ein Mann)*
- Welche Kleidungsstücke muss Karin tatsächlich aus der Reinigung abholen? *(ein blaues Hemd, ein weißes Hemd, eine graue Hose, einen braunen Wintermantel, ein beigefarbenes Hemd)*
- Merken Sie sich, was der Mann in der Reinigung abholen möchte. *(vier Hosen, ein Hemd)*

© Africa Studio - Fotolia.com

Drei Hemden und zwei Hosen, bitte!

„Ach, ich muss heute ja noch zur Reinigung", sagt Karin und fasst sich an die Stirn. „Wo ist denn jetzt mein Abholschein?" Karin wühlt in der Küchenschublade. Dort hat sie sonst immer alle wichtigen Unterlagen. Aber vom Reinigungszettel ist hier keine Spur. Sie geht in den Flur. Dort greift sie in ihre Jackentasche. Leer. Der Abholschein ist verschwunden. „Bestimmt bekomme ich meine abgegebenen Sachen trotzdem wieder", murmelt Karin. Dabei überlegt sie angestrengt, was sie alles abholen muss.
Karin beginnt, aufzuzählen. Dazu nimmt sie die Finger ihrer rechten Hand zu Hilfe.
„Wolfgangs blaues Hemd und das weiße." Karin streckt Daumen und Zeigefinger in die Luft.
„Die gute, graue Hose und meinen braunen Wintermantel", zählt sie weiter und hebt Mittelfinger und Ringfinger.
„Ach ja, das beigefarbene Hemd hab ich auch noch abgegeben", fällt ihr ein. Jetzt muss sie sich sputen. Denn die Reinigung schließt in der Mittagszeit und es ist schon kurz nach halb zwölf. Höchste Zeit also. Karin greift nach der großen, grünen Tasche und verlässt im Eilschritt die Wohnung.

Zehn Minuten später drückt sie die Tür der Reinigung „Sauber und frisch" auf. Die Glocke über der Tür schlägt an und es bimmelt, als Karin den Laden betritt. Eine Dame im weißen Kittel steht hinter dem Tresen.
„Guten Tag. Was kann ich für Sie tun?", begrüßt sie Karin.
„Ich habe letzte Woche einige Kleidungsstücke abgegeben. Die möchte ich gern abholen. Leider habe ich meinen Abholschein verlegt", erklärt Karin. Die Frau aus der Reinigung kratzt sich am Kopf. Karins Blick fällt auf die Kleidungsstücke, die hinter der Frau aufgereiht und in durchsichtigen Plastikhüllen an einer Stange hängen.

„Da. Das ist mein Wintermantel“, sagt Karin und deutet auf den braunen Mantel. Die Dame im weißen Kittel runzelt die Stirn, dreht sich um und greift nach dem Kleidungsstück.
„Ah, gut. Da haben wir ja ein Etikett. Frau Karin Krüger, richtig?“, fragt sie und reißt den gelben Zettel oben vom Metallbügel ab. Karin nickt.
„Was gehört Ihnen denn noch?“, will die Frau wissen.
Karin versucht, sich zu konzentrieren. Sie beginnt, aufzuzählen:
„Ein blaues, ein weißes und ein beiges Hemd und zwei Hosen.“
Die Frau aus der Reinigung hat mitgezählt. Sie geht alle Kleidungsstücke durch, die auf der Stange auf ihre Abholung warten.
„Den Mantel und noch drei Hemden und zwei Hosen“, murmelt sie dabei.

Gerade als die Dame nach einer schwarzen Hose greift, um sie Karin zu übergeben, wird die Ladentür erneut geöffnet.
„He, das ist meine Hose!“, ruft eine aufgebrachte Männerstimme hinter Karin.
„Nein!“, sagt Karin und schiebt eine Hand trotzig in ihre Hosentasche. Plötzlich ertastet sie ein Stück Papier. Sie zieht es überrascht heraus. Der Abholschein! Karin wirft einen Blick darauf.

„Drei Hemden, eine graue Hose und einen braunen Mantel“, murmelt sie verlegen. Mit rotem Kopf schiebt sie die schwarze Hose auf dem Tresen zu dem Mann hinüber.
„Da muss ich mich wohl verzählt haben“, stottert sie und reicht der Frau von der Reinigung den Abholschein.
„Ich möchte gern vier Hosen und ein Hemd abholen“, brummt der Mann.
„Sind Sie sicher?“, fragt die Dame von der Reinigung.
„Genau“, denkt Karin. Vielleicht hat der Mann sich ja auch verzählt. Das kann schließlich einmal vorkommen!

Gedächtnisübungen

1. Sommer- und Winterkleidung gesucht

Die Teilnehmer überlegen, welche Kleidung im Sommer und welche im Winter getragen wird.

Beispiele:

Sommer: T-Shirt, Sandalen, Shorts, Kleid, Rock, Top …

Winter: Mantel, Stiefel, Schal, Mütze, Pullover, Handschuhe …

2. Abc-Übung

Die Teilnehmer nennen zu den Buchstaben des Alphabets einen Frauen- oder Männernamen sowie ein passendes Kleidungsstück.

Beispiele: Anton – Anorak, Berta – Bluse, Claudia – Caprihose …

3. Füllwörter-Übung

Schreiben Sie die nachfolgende Übung an ein Flipchart oder eine Tafel. Die Teilnehmer suchen Wörter, die in die Mitte passen, sodass zwei neue, sinnvoll zusammengesetzte Wörter entstehen. Wenn es sprachlich erforderlich ist, dürfen Buchstaben hinzugefügt oder weggelassen werden.

Beispiel: Hosen .... Jacke

Lösung: Hosen ....**Anzug**........... Jacke = Hosenanzug, Anzugjacke

a. Blusen ....**Stoff**........... Tier (Blusenstoff, Stofftier)

b. Kleider ....**Schrank**........... Tür (Kleiderschrank, Schranktür)

c. Kragen ....**Weite**........... Sprung (Kragenweite, Weitsprung)

d. Hut ....**Band**........... Wurm (Hutband, Bandwurm)

e. Rock ....**Länge**........... Maß (Rocklänge, Längenmaß)

f. Mantel ....**Tasche**........... Geld (Manteltasche, Taschengeld)

Aprikosen oder Ananas

Die folgende **Merkgeschichte** beinhaltet verschiedene Lebensmittel, die man in einem Supermarkt kaufen kann. Die Geschichte ist so aufgebaut, dass Sie als Vorleser immer den Anfangsbuchstaben eines gesuchten Lebensmittels vorlesen und so lange pausieren, bis Ihre Teilnehmer passende Vorschläge ergänzt haben. Beispiele für mögliche Ergänzungen sind für Sie als Vorleser zur schnelleren Erkennbarkeit farbig hervorgehoben.

Lesen Sie die Geschichte erneut langsam vor und stellen Ihren Teilnehmern vorab – je nach Leistungsfähigkeit – eine oder mehrere der folgenden Aufgaben:

- Merken Sie sich, welche Namen in der Geschichte vorkommen. *(Rainer und Ursel)*
- Merken Sie sich, mit welchen Dingen sich Rainer zum Supermarkt auf den Weg macht. *(mit dem großen, blauen Korb und dem Einkaufszettel von Ursel)*
- Merken Sie sich, in welcher Abteilung Rainer mit seinem Einkauf startet. *(in der Obst- und Gemüseabteilung)*
- Merken Sie sich, wie viel Geld Rainer für seinen Einkauf an der Kasse bezahlen muss. *(9,53 Euro)*
- Merken Sie sich, mit welchen Buchstaben die gesuchten Obst- und Gemüsesorten beginnen. *(Obst = A, Gemüse = R)*
- Merken Sie sich, was Rainer an der Fleisch- und Wursttheke kauft. *(drei Paar Bockwürste)*
- Merken Sie sich, welche Lebensmittel Rainer einkauft. *(drei Aprikosen, Radieschen, drei Paar Bockwürste, eine Packung Kekse)*

© gertrudda – Fotolia.com

Aprikosen oder Ananas

Rainer ist heute mit dem Einkaufen an der Reihe. Er hat es seiner Frau Ursel versprochen. Mit dem großen, blauen Korb und dem Einkaufszettel von Ursel macht er sich auf den Weg in den nahen Supermarkt. Er hat die Stimme von Ursel dabei noch im Ohr: „Ich habe dir Obst, Gemüse, Fleisch und Süßigkeiten aufgeschrieben. Ich hoffe, du bekommst alles."
Klar, der Supermarkt ist gut sortiert und Rainer kennt sich aus. Die Schiebetür gleitet geräuschlos auf, als Rainer den Laden betritt. Schon steht er mitten in der Obst- und Gemüseabteilung.

Rainer holt seine Lesebrille aus der Hemdtasche. Er setzt sie auf die Nase und kramt nach dem Einkaufszettel. Welches Obst soll er denn nun einkaufen? Er versucht, zu lesen, was Ursel ihm aufgeschrieben hat. Das gibt es ja nicht! Ursel hat die Einkaufsliste wohl in aller Eile hingekritzelt. Sie lässt sich ja kaum entziffern! Angestrengt starrt Rainer auf das Papier. Zuerst sucht er eine Obstsorte mit A. Rainer überlegt. Vielleicht Ananas? Oder **A** … *(Aprikosen, Äpfel)*? Rainer nimmt drei Aprikosen und legt sie in seinen Einkaufskorb. Dann geht er die Liste weiter durch. Gemüse soll er noch besorgen. Aber welches? Was hat Ursel denn da geschrieben? Irgendetwas mit R. Rainer sieht sich beim Gemüse um. Rettich vielleicht? Oder **R** … *(Rüben, Radieschen)*? Rainer entscheidet sich für Radieschen.

Dann geht er weiter zur Fleisch- und Wursttheke. Er wirft erneut einen Blick auf den Einkaufszettel. Hier steht eindeutig ein Wort mit B. Was Ursel sich dabei wohl gedacht hat?
„Wer ist als Nächster an der Reihe?", fragt die Verkäuferin im weißen Kittel.
„Ich" antwortet Rainer. Wenigstens das weiß er sicher.

Dann hat er eine Idee und fragt die Verkäuferin: „Welche Wurst mit B haben Sie denn?"
Die Verkäuferin schaut ihn fragend an. Rainer erklärt ihr schnell, was es mit der Frage auf sich hat.
„Ich könnte Ihnen Bierschinken anbieten. Oder **B** … *(Bockwurst, Bratensülze, Blutwurst)*", antwortet sie amüsiert.
„Dann geben Sie mir bitte drei Paar Bockwürste", entscheidet sich Rainer.

Bei den Süßigkeiten ist Rainer spontaner. Auf Ursels Einkaufszettel steht ein Wort mit K. Rainer geht kurz das Sortiment durch. Kaubonbons kann er entdecken. Und **K** … *(Kekse, Kaugummi)*. Er greift nach einer Packung Kekse und legt sie in den Korb zu den anderen Dingen. Dann geht er zur Kasse. Er legt alles aufs Band.
„9,53 Euro bitte", verlangt die Kassiererin. Rainer bezahlt und geht nach Hause. Dort wartet Ursel schon auf ihn.
„Na, hast du alles bekommen, was ich dir aufgeschrieben habe?", fragt sie.
„Kommt darauf an, was du aufgeschrieben hast", meint Rainer.
Ursel sieht ihn verwundert an.
„Äpfel, Radieschen, Bierschinken und Kekse. Aber das konntest du doch auf dem Einkaufszettel lesen", sagt Ursel kopfschüttelnd.
„Eben nicht", antwortet Rainer. „Aber zumindest habe ich zwei von vier Dingen richtig erraten. **R** … *(Radieschen)* und **K** … *(Kekse)*. Immerhin."
Ursel klappt den Mund auf. Erst sieht sie etwas verärgert aus, doch dann grinst sie. „Dann gibt es heute eben Aprikosen statt Apfelmus zu den Pfannkuchen. Und Bockwürste statt Brote mit Bierschinken."
Rainer nickt zufrieden. Er hat also eigentlich das absolut Richtige eingekauft.
„Aber das nächste Mal schreibst du mir den Einkaufszettel mit der Schreibmaschine", meint er dann, ehe er alle Einkäufe in die Regale und den Kühlschrank räumt.

Gedächtnisübungen

1. Lebensmittel-Abc

Die Teilnehmer nennen reihum zu den Buchstaben des Alphabets unterschiedliche Lebensmittel.

Beispiele: Avocado, **B**utter, **C**hampagner, **D**attel, **E**i, **F**isch, **G**urke …

Tipp: Die Antworten können an ein Flipchart oder an eine Tafel geschrieben werden. Die Teilnehmer suchen anschließend nach Gemeinsamkeiten, wie z. B. Getränke, Milchprodukte, Obst oder Gemüse.

2. Wer muss raus?

Lesen Sie den Teilnehmern fünf Begriffe vor. Die Teilnehmer überlegen, welcher der Begriffe ausgeschlossen werden muss.

Beispiele:

a. Mirabelle – **Quitte** – Kirsche – Pflaume – Pfirsich
Lösung: Die Quitte ist kein Steinobst.
b. Kichererbse – **Mandel** – Linse – Bohne – Erdnuss
Lösung: Die Mandel ist keine Hülsenfrucht.
c. Rosenkohl – Wirsing – **Spargel** – Mangold – Brokkoli
Lösung: Spargel wächst in der Erde.

3. KIM-Spiel

Legen Sie, je nach Leistungsfähigkeit Ihrer Teilnehmer, 10 bis 15 Lebensmittel für alle gut sichtbar aus. Die Teilnehmer prägen sich die Lebensmittel gut ein. Dann werden diese mit einem Tuch abgedeckt und erinnert.

Gut versteckte Osternester

Die folgende **Merkgeschichte** erzählt von Traditionen und Bräuchen rund um Ostern. Lesen Sie die Geschichte langsam vor und stellen Sie den Teilnehmern vorab – je nach Leistungsfähigkeit – eine oder mehrere der folgenden Aufgaben:

- Merken Sie sich, wie der Familienname in der Geschichte lautet. *(Richter)*
- Merken Sie sich, was die Kinder kennenlernen sollen. *(die Osterbräuche)*
- Merken Sie sich, wo Arno glaubt, die Osternester versteckt zu haben. *(hinter der Regentonne oder neben dem Schuppen)*
- Merken Sie sich die Namen der Familienmitglieder. *(Gunda und Arno sowie die beiden Kinder Ingrid und Winfried)*
- Merken Sie sich, wie viele Eier gefärbt werden. *(20)*
- Merken Sie sich, wie Gunda die Ostereier färbt. *(sie setzt Farben aus Spinat, Roter Bete und Zwiebelschalen an)*
- Merken Sie sich, wie oft das Wort „Osternest" bzw. „Osternester" vorkommt. *(6-mal)*
- Merken Sie sich, wie viele zusammengesetzte Wörter mit „Oster-", wie z. B. „Osterhase", in der Geschichte vorkommen. *(21 Wörter)*

© svetamart – Fotolia.com

Gut versteckte Osternester

An Ostern gibt es viele Traditionen. Gunda und Arno Richter haben zwei Kinder: Ingrid und Winfried. Die beiden sollen die Osterbräuche natürlich auch kennenlernen. So wird das Osterfest im Hause Richter alljährlich mit viel Liebe vorbereitet. In den Tagen vor Ostern hat Gunda deshalb viel zu tun. Sie bereitet einen Rührteig vor, den sie in eine spezielle Tier-Backform gießt. Anschließend wird der Teig im Backofen goldbraun gebacken. Als Gunda die Backform herausholt, ist das Osterlamm fertig. Ingrid und Winfried helfen mit. Das fertige Lamm wird mit einer Schleife um den Hals dekoriert und mit Puderzucker bestäubt. Dann darf Winfried einen Hefeteig kneten und Ingrid Rosinen und Mandeln hinzugeben. Daraus wird das Osterbrot. So ist schon das Wichtigste fertig, was sie für den Ostersonntag brauchen: Nämlich das, was bei einem richtigen Osterfrühstück nicht fehlen darf. Nein, halt! Etwas fehlt noch. Gunda setzt Farben aus Spinat, Roter Bete und Zwiebelschalen an.
„Wozu ist das gut?", will Winfried neugierig wissen.
„Damit färben wir die Ostereier", erklärt Gunda.
Ingrid und Winfried sind begeistert. Nachdem die Kinder die Eier eingefärbt haben, werden diese noch mit einer Speckschwarte abgerieben. Jetzt glänzen die 20 bunten Eier um die Wette.

Am Sonntagmorgen gehen Gunda und Arno mit ihren Kindern dann in die Kirche und besuchen die Ostermesse. Nach dem Gottesdienst macht Ingrid eine erstaunliche Entdeckung.
„Schaut mal da!", ruft sie und zeigt auf den Brunnen in der Mitte des Marktplatzes. „Der Brunnen sieht ganz verändert aus. Er ist über und über mit Eiern und Grünzeug geschmückt", stellt sie mit großen Augen fest.
„Das ist ein Osterbrunnen", erklärt Arno seinen Kindern.

Den müssen sich natürlich alle aus der Nähe ansehen.
„Meinst du, der Osterhase war schon da?", fragt Winfried auf einmal. Arno lächelt wissend. Natürlich hat er schon vor der Ostermesse Osterhase gespielt. Er hat im Garten für seine Kinder zwei Osternester versteckt. Gunda hat die Nester zuvor befüllt. Zuerst hat sie grünes Ostergras in die Nester gelegt. Darauf liegen viele Schokoladeneier und in der Mitte sitzt ein großer Schokoladenosterhase.

Zu Hause angekommen, stürmen Ingrid und Winfried sofort in den Garten. Gunda und Arno sehen den Kindern beim Suchen der Osternester zu. Die beiden suchen und suchen: unter Büschen, hinter Blumen und neben der Gartenbank.
„Ich kann nichts finden", meint Ingrid nach einer Weile.
„Bestimmt hat uns der Osterhase vergessen", ist Winfried sicher.
Gunda stößt ihrem Mann den Ellbogen in die Seite und sieht ihn fragend an. Arno sieht etwas ratlos aus. Er kann sich nicht mehr erinnern, wo er die Osternester versteckt hat.
„Ich glaube, hinter der Regentonne findet ihr etwas. Oder neben dem Schuppen?" Arno legt seine Stirn in Falten und überlegt.
„Das darf doch wohl nicht wahr sein. Versteckt Osternester und weiß dann selbst nicht mehr, wo", zischt Gunda entrüstet. Doch dann kommt endlich der erlösende Ruf.
„Ich hab ein Osternest gefunden!", jubelt Winfried und zieht ein Nest aus dem Holzstapel. Ingrid hat ihres auch entdeckt. Es steht hinter dem Kirschbaum.
„Na, da hat sich der Osterhase diesmal aber schwierige Verstecke ausgedacht", lächelt Gunda beruhigt.
„Eigentlich waren sie ganz einfach", widerspricht ihr Winfried.
„Siehst du? Deine Aufregung hättest du dir sparen können", meint Arno und zwinkert seiner Frau zu.

Gedächtnisübungen

1. Ostererinnerungen

Die Teilnehmer erzählen, wie sie früher das Osterfest gefeiert haben. Gab es besondere Traditionen, Bräuche oder ein spezielles Ostermenü?

2. Wortsammlung

Die Teilnehmer suchen nach zusammengesetzten Wörtern, in denen sich ein „Ei" versteckt hat.

Beispiele: Schl**ei**ereule, G**ei**sterbahn, M**ei**sterf**ei**er, Gr**ei**fzange, L**ei**terwagen, Bl**ei**stift, W**ei**nschorle …

Tipp: Die Antworten können an ein Flipchart oder eine Tafel geschrieben werden. Die Teilnehmer bringen diese anschließend in eine alphabetische Reihenfolge.

3. „Oster"-Füllwörter

Schreiben Sie die nachfolgende Übung an ein Flipchart oder an eine Tafel. Die Teilnehmer suchen Wörter, die in die Mitte passen, sodass zwei neue, sinnvoll zusammengesetzte Wörter entstehen. Wenn es sprachlich erforderlich ist, dürfen Buchstaben hinzugefügt oder weggelassen werden.

Beispiel: Oster .... Schachtel

Lösung: Oster ....**Eier**........ Schachtel = Ostereier, Eierschachtel

a. Oster ....**Lamm**........ Braten (Osterlamm, Lammbraten)

b. Oster ....**Wasser**........ Druck (Osterwasser, Wasserdruck)

c. Oster ....**Kerze**........ Halter (Osterkerze, Kerzenhalter)

d. Oster ....**Glocken**........ Turm (Osterglocken, Glockenturm)

Die Sache mit der Nummer

Die folgende **Merkgeschichte** beinhaltet unterschiedliche Telefonnummern. Die Geschichte ist so aufgebaut, dass Sie als Vorleser immer bis zur farblich gekennzeichneten Telefonnummer vorlesen und so lange pausieren, bis Ihre Teilnehmer die gesuchte Nummer ergänzt haben.

Lesen Sie die Geschichte erneut langsam vor und stellen Sie Ihren Teilnehmern vorab – je nach Leistungsfähigkeit – eine oder mehrere der folgenden Aufgaben:

- Merken Sie sich, wer behauptet, sich gut Telefonnummern merken zu können. *(Johanna)*
- Merken Sie sich, wo ihr Mann Alfred sitzt. *(am Küchentisch)*
- Merken Sie sich, worin er blättert. *(im Adressbuch)*
- Merken Sie sich, nach welcher Telefonnummer Alfred zuerst fragt. *(nach der Nummer von Karl)*
- Merken Sie sich, welche Nummer Heidi hat. *(771)*
- Merken Sie sich, wer die Nummer 923 hat. *(Gertrud)*
- Merken Sie sich, mit welchem Namen sich die Person meldet, bei der sich Johanna verwählt hat. *(Hans Krämer)*
- Merken Sie sich die Nummern, nach denen Alfred seine Frau fragt. *(454, 771 und 923)*
- Merken Sie sich die Namen, die in der Geschichte genannt werden. *(Johanna, Alfred, Karl, Heidi, Gertrud, Hans Krämer)*
- Merken Sie sich die Telefonnummern und zu wem diese gehören. *(454 = Karl, 771 = Heidi, 923 = Gertrud)*

© goir – Fotolia.com

Die Sache mit der Nummer

„Natürlich kann ich mir alle wichtigen Telefonnummern merken", behauptet Johanna. Sie lächelt ihren Mann Alfred nachsichtig an. Der sitzt am Küchentisch und blättert im Adressbuch.
„Gut, dann sag mir mal, welche Nummer Karl hat", will Alfred wissen.
Hören Sie gut zu und versuchen Sie, sich die Nummern zu merken.
„454", antwortet Johanna prompt. Auch die Nummer von Heidi kennt sie natürlich: „771". Und Gertrud hat die Nummer 923.

„Meine Frau weiß alles", murmelt Alfred brummig.
Johanna nimmt ihrem Mann das Adressbuch aus der Hand und legt es zurück in die Kommode unter dem Fensterbrett.
„Wie schön es heute ist", sagt sie schwärmerisch und blickt aus dem Fenster. Draußen scheint die Sonne. Nur ein paar harmlose Wölkchen ziehen über den sonst strahlend blauen Himmel.
„Genau das richtige Wetter, um einen Ausflug zum Stadtcafé zu machen."
Alfred nickt versöhnlich: „Das ist eine gute Idee!"
„Ich ruf Heidi an und frage, ob sie mitkommt", meint Johanna und geht in den Flur, wo das Telefon steht. Sie nimmt den Hörer ab. Gerade will sie die Wählscheibe drehen, da stutzt sie. Wie war noch mal die Nummer von Heidi? 711? Oder war es 661? Wissen Sie es? Natürlich **771**!
Erleichtert, dass ihr die Nummer doch noch eingefallen ist, beginnt Johanna, zu wählen. Es tutet schnell hintereinander. „Besetzt", ruft sie Alfred in der Küche zu. „Ich probiere es bei Karl."
Johanna drückt auf die Telefongabel und will die neue Nummer wählen. Verflixt! Karls Nummer, wie lautet die noch mal? 343? Oder 545? Nein. Johanna probiert es mit 434. Es tutet mit kurzen Pausen 3-mal, dann wird abgehoben. „Hans Krämer", meldet sich eine tiefe Stimme. Erschrocken presst Johanna die Lippen zusammen.

„Entschuldigung. Falsch verbunden", flüstert sie mit rauer Stimme und legt schnell auf.
„Habe ich mich jetzt verhört?", ruft Alfred aus der Küche. „Hast du dich eben verwählt?"
„Nein, nein. Ich hab gesagt: ‚Niemand zu Hause'. Karl geht nicht ran", schwindelt Johanna. Ihre Finger zittern ein bisschen, als sie versucht, die Nummer von Gertrud zu wählen. Die lautet **923**. Oder? Johanna ist ganz durcheinander. Es hilft nichts. Sie geht in die Küche und öffnet die Kommodenschublade.
„Was suchst du denn?", will Alfred wissen.
„Nichts", stottert Johanna. Sie nimmt das Adressbuch aus der Schublade und blättert. Genau! Gertruds Nummer ist tatsächlich **923**. Heidi hat die Nummer **771**. Johanna schlägt sich an die Stirn. Richtig, Karls Nummer lautet **454**. Hastig legt sie das Adressbuch zurück und eilt in den Flur. Im Stillen wiederholt sie Gertruds Nummer wie ein Mantra: **923**, 923, 923.

Kurz darauf hat Johanna Gertrud erreicht und mit ihr ein Treffen im Stadtcafé vereinbart. Sie geht in die Küche, um Alfred zu informieren. Der sitzt mit verschränkten Armen am Küchentisch und grinst übers ganze Gesicht.
„Kann es sein, dass du dir doch nicht alle Telefonnummern merken kannst?", fragt er. Johanna lächelt schief und nickt. Sie rechnet damit, dass sich Alfred nun den ganzen Tag über sie lustig machen wird. Doch da steht Alfred auf und nimmt seine Frau in den Arm.
„Was für ein Glück, dass meine Frau doch nicht alles weiß. Sonst hätte ich das Gefühl, dass ich nicht mithalten kann. So bist du mir viel lieber", meint Alfred. Erleichtert drückt Johanna sich an ihren Mann. Mit ihm hat sie wirklich großes Glück gehabt!

Gedächtnisübungen

1. Zahlenallerlei

Die Teilnehmer sollen nach Wörtern, Liedtiteln, Märchen oder Sprichwörtern suchen, in denen eine Zahl vorkommt.

Beispiele: Dreisatz, **Vier**kantschlüssel, „**Siebzehn** Jahr, blondes Haar“, „Der Wolf und die **sieben** jungen Geißlein“, **fünf** gerade sein lassen …

2. Unterbegriffe mit fünf Buchstaben gesucht

Die Teilnehmer suchen zu vorgegebenen Oberbegriffen passende Unterbegriffe, die aus fünf Buchstaben bestehen.

Beispiele:

a. **Tiere:** Fuchs, Lachs, Biber …

b. **Städte:** Worms, Mainz, Aalen …

3. Rätselhaftes Rechnen

Schreiben Sie die nachfolgenden „Rechenaufgaben“ an ein Flipchart oder an eine Tafel. Aus den vorgegebenen Wortteilen kann eine Rechenaufgabe erstellt werden, wenn die fehlenden Zahlen ergänzt werden. Die Teilnehmer sollen die Rechenaufgaben und ihre Ergebnisse ermitteln.

Beispiel: .... meilenstiefel + ... rad = ... fingersystem

Lösung: 7 + 3 = 10 (**Sieben**meilenstiefel + **Drei**rad = **Zehn**fingersystem)

a. .... kant x .... ge = ... erbahn
(4 x 2 = 8, **Vier**kant x **Zwei**ge = **Acht**erbahn)

b. .... auge - .... eck = ... uhrtee
(9 - 4 = 5, **Neun**auge - **Vier**eck = **Fünf**uhrtee)

c. .... zylinder + ... tagerennen = ... fingerdarm
(6 + 6 = 12, **Sechs**zylinder + **Sechs**tagerennen = **Zwölf**fingerdarm)

Das verschwundene Auto

Die folgende **Merkgeschichte** erzählt von Karsten und Siglinde, die ihr Auto in einem Parkhaus im Stadtzentrum abstellen. Die Geschichte ist so aufgebaut, dass Sie als Vorleser immer bis zur farblich gekennzeichneten Etage oder Parkplatznummer vorlesen und so lange pausieren, bis Ihre Teilnehmer den gesuchten Standort des Autos ergänzt haben.

Lesen Sie die Geschichte erneut langsam vor und stellen Sie Ihren Teilnehmern vorab – je nach Leistungsfähigkeit – eine oder mehrere der folgenden Aufgaben:

- Merken Sie sich, wer sich einmal im Monat einen ausgiebigen Stadtbummel gönnt. *(Karsten und Siglinde)*
- Merken Sie sich, wo die beiden ihr Auto üblicherweise parken. *(auf dem kostenlosen Großparkplatz am Stadtrand)*
- Merken Sie sich, welches Auto geparkt werden soll. *(ein blauer VW-Käfer)*
- Merken Sie sich, wo das Parkticket aufbewahrt wird. *(in der Handtasche von Siglinde)*
- Merken Sie sich, in welcher Etage Karsten einen Parkplatz findet. *(in der 4. Etage)*
- Merken Sie sich die Parkplatznummer. *(Nummer 4387)*
- Merken Sie sich, nach wie viel Stunden Karsten wieder nach Hause fahren möchte. *(nach drei Stunden)*
- Merken Sie sich, was sich Siglinde und Karsten in der Eisdiele gönnen. *(Siglinde ein Kännchen Kaffee, Karsten einen Bananen-Split)*

© mihi – Fotolia.com

Das verschwundene Auto

Karsten und Siglinde sind heute in der Stadt unterwegs. Die beiden wohnen auf dem Land, aber einmal im Monat gönnen sie sich einen ausgiebigen Stadtbummel. Sonst parken sie ihr Auto immer auf dem kostenlosen Großparkplatz am Stadtrand. Heute jedoch wollen sie im Parkhaus im Stadtzentrum parken.
„Das Parkhaus ist zwar teuer, aber dafür stehen wir ganz zentral", meint Karsten. Seine Frau Siglinde ist einverstanden. Karsten kurbelt das Seitenfenster des blauen VW-Käfers herunter und drückt bei der Einfahrt auf die Taste an der Säule. Er nimmt das Parkticket entgegen und hält es Siglinde hin. Sie steckt es gleich in ihre Handtasche. Die Schranke öffnet sich und Karsten fährt ins Parkhaus.

Er muss einige Runden im Parkhaus drehen, ehe er endlich einen freien Parkplatz entdeckt.
„Ganz schön voll hier", murmelt er. **Hören Sie gut zu und versuchen Sie, sich den genauen Standort des Autos zu merken**.
In der 4. Etage lenkt er das Auto in eine Lücke. Bevor die beiden aussteigen, hält Karsten seine Frau am Arm fest und deutet auf die Nummer, die vor ihnen an der Parkhauswand steht: 4387.
„Mach dir keine Sorgen. Ich merk mir die Nummer, damit wir unser Auto nachher auch wiederfinden", sagt Karsten. Siglinde wirft einen flüchtigen Blick auf die Nummer und nickt.
„Komm jetzt", sagt sie ungeduldig.

Karsten und Siglinde schlendern durch die Fußgängerzone in der Innenstadt. Vor jedem Schaufenster der Modegeschäfte bleibt Siglinde stehen und bewundert die Auslagen. Am Ende der Fußgängerzone gibt es eine Eisdiele.

„Jetzt gönnen wir uns mal was", beschließt Karsten. Siglinde bestellt wie immer ein Kännchen Kaffee. Karsten will einen Bananen-Split. Nach Kaffee und Eis bummeln die beiden weiter. Drei Stunden später hat Karsten langsam genug.
„Zeit zum Heimfahren", meint er. Immerhin will er pünktlich zu den Nachrichten wieder zu Hause sein.

Zehn Minuten später sind die beiden wieder am Parkhaus angelangt.
„Wir müssen in die 3. Etage", murmelt Karsten und stapft die Treppe nach oben. Siglinde folgt ihm.
„Bist du dir sicher?", fragt sie, als sie in der 3. Etage ankommen. Sie schauen sich um, aber von ihrem Auto ist weit und breit nichts zu sehen.
„Dann war es wohl die 5. Etage. Oder die 4.?", fragt Karsten.
Siglinde weiß ganz genau, wo ihr Auto steht. **Wissen Sie es auch?**
Richtig, auf Etage **4**, Parkplatznummer **4387**.
„Es war die 4.", sagt Siglinde.
Karsten schaut sie skeptisch an, aber dann geht er doch los. In der 4. Etage lässt er seinen Blick über alle geparkten Autos gleiten.
„War es nun Nummer 4283? Oder 4491?", überlegt er laut.
Siglinde hat ihr Auto schon längst entdeckt. Natürlich steht es auf dem Parkplatz Nummer **4387**.
„Komm", sagt sie und zieht ihren Mann zum richtigen Auto.
„Ach ja. Genau. Nummer 4387. Ich wusste das natürlich die ganze Zeit. Ich wollte dich nur testen", sagt Karsten.
„Aber natürlich, Schatz", meint Siglinde. Sie muss sich ein Grinsen verkneifen, als sie in den VW-Käfer steigt. Eigentlich ist ihr Karsten ja ein ganz toller Ehemann. Manchmal aber eben auch ein Rechthaber. Aber wirklich nur manchmal.

Gedächtnisübungen

1. Kaufhaus-Assoziationen

Die Teilnehmer überlegen, welche Dinge man in unterschiedlichen Kaufhausabteilungen einkaufen kann.

Beispiele:

a. **Herrenabteilung:** Hemden, Hosen, Anzüge, Krawatten, Fliegen …

b. **Damenabteilung:** Blusen, Röcke, Abendkleider, Pullover …

c. **Parfümerie:** Rasierwasser, Eau de Toilette, Tagescreme …

2. Stoff-Kreationen

Die Teilnehmer nennen reihum unterschiedliche Stoffarten und kreieren ein passendes Kleidungsstück.

Beispiele: Tweed = Damenkostüm, Seide = Abendkleid, karierter Stoff = Schottenrock, Cord = Herrenhose …

Tipp: Früher wurden viele Kleidungsstücke selbst genäht. Lassen Sie die Teilnehmer von ihren schönsten Kreationen erzählen und zu welchem Anlass diese genäht wurden.

3. Anagramm

Schreiben Sie das Wort „Stadtbummel" an ein Flipchart oder an eine Tafel. Aufgabe der Teilnehmer ist es, möglichst viele neue Wörter aus den vorhandenen Buchstaben zu bilden. Wurde ein Wort gefunden, dürfen für das nächste Wort wieder alle Buchstaben verwendet werden.

Beispiele: Summe, Taumel, Stamm, Mast, Bad, Laub, Dame …

Brücken für den Esel

Die folgende **Merkgeschichte** beinhaltet unterschiedliche Eselsbrücken. Die Geschichte ist so aufgebaut, dass Sie als Vorleser immer den Anfang einer Eselsbrücke vorlesen und so lange pausieren, bis Ihre Teilnehmer diese ergänzt haben. Die fehlenden Teile der Eselsbrücken sind für Sie als Vorleser zur schnelleren Erkennbarkeit farblich hervorgehoben.

Lesen Sie die Geschichte erneut langsam vor und stellen Sie Ihren Teilnehmern vorab – je nach Leistungsfähigkeit – eine oder mehrere der folgenden Aufgaben:

- Merken Sie sich, warum sich Friedrich Eselsbrücken baut. *(weil er übers Wochenende allein ist, da seine Frau Isolde zu ihrer Schwester fährt)*
- Merken Sie sich, was Friedrich zum Trinken und Essen braucht. *(eine gute Tasse Kaffee, Würstchen und Brot)*
- Merken Sie sich, warum sein Kaffee viel zu stark schmeckt. *(Friedrich füllt den Filter mit drei statt nur einem Löffel Kaffee)*
- Merken Sie sich den Namen der Metzgerei und was Friedrich dort einkauft. *(Metzgerei Richter, Mettwurstbrötchen)*
- Merken Sie sich, wie viel Geld Friedrich zum Metzger mitnimmt und woher er das Geld hat. *(20 Euro aus der gelben Zuckerdose)*
- Merken Sie sich Friedrichs Eselsbrücken. *(Für jede Tasse einen Löffel Kaffee in den Filter geben, dann wird der Kaffee dich beleben; Die Würstchen im Wasser auf keinen Fall zum Kochen bringen, dann werden die Würstchen wunderbar gelingen; Das Haushaltsgeld ist lose in der gelben Zuckerdose)*

© Africa Studio – Fotolia.com

Brücken für den Esel

Friedrich ist dieses Wochenende allein zu Hause. Seine Frau Isolde ist zu ihrer Schwester gefahren. Sie hat ihm aber vor der Abreise noch genaue Anweisungen gegeben, damit er die Tage ohne sie gut meistern kann. Friedrich ist da sehr zuversichtlich. Alles, was er braucht, ist eine gute Tasse Kaffee und zum Essen warme Würstchen mit Brot. Damit er sich merken kann, was Isolde ihm geraten hat, hat sich Friedrich Eselsbrücken gebaut. **Hören Sie genau zu und versuchen Sie, sich die Eselsbrücken zu merken:**
„Für jede Tasse einen Löffel Kaffee in den Filter geben, dann wird der Kaffee dich beleben", erinnert er sich. Auch die zweite Eselsbrücke fällt ihm sofort ein: „Die Würstchen im Wasser auf keinen Fall zum Kochen bringen, dann werden die Würstchen wunderbar gelingen."
Zur Not kann sich Friedrich auch etwas beim Metzger holen. Dazu hat er sich gemerkt: „Das Haushaltsgeld ist lose in der gelben Zuckerdose."

Friedrich genießt die Ruhe im Haus. Er setzt sich an den Tisch und blättert in der Zeitung. Ach ja, jetzt wäre doch eine heiße Tasse Kaffee schön. Friedrich schiebt den Wasserkessel auf den Herd. Dann stellt er den Filter auf die weiße Porzellankanne und greift nach dem Kaffeepulver. Wie lautet die Eselsbrücke noch gleich? Genau!
„Für jede Tasse drei Löffel Kaffee in den Filter geben, dann wird der Kaffee dich beleben", murmelt Friedrich und schaufelt Pulver in die Filtertüte. Dann gießt er kochendes Wasser auf. Nach einigen Minuten ist das Wasser durchgelaufen. In der Küche riecht es herrlich aromatisch. Friedrich seufzt zufrieden. Er kippt sich den frisch aufgebrühten Kaffee in eine Tasse. Vorsichtig nippt er daran.
„Pfui Teufel, ist der stark! Den kann ich unmöglich trinken! Verflixt und zugenäht", flucht Friedrich. Jetzt fällt ihm wieder die richtige Eselsbrücke

ein. **Können Sie sich auch daran erinnern?** Sie lautet: „Für jede Tasse einen Löffel Kaffee in den Filter geben, **dann wird der Kaffee dich beleben**." Mit dem restlichen Wasser aus dem Kessel verdünnt er sich seine schwarze Brühe. Jetzt ist sie wenigstens trinkbar.

Nun bekommt Friedrich langsam Hunger. Er legt zwei Paar Wiener Würstchen in einen Topf und füllt ihn mit Wasser auf. Dann stellt er den Topf auf die Herdplatte.
„Die Würstchen im Wasser zum Kochen bringen, dann werden die Würstchen wunderbar gelingen", murmelt Friedrich und wartet, bis das Wasser endlich blubbert. Plopp! Plopp! Erschrocken sieht Friedrich zu, wie alle Würste plötzlich aufplatzen. Im Wasser schwimmen nun lauter kleine Brocken. Na, prima! Friedrich schlägt sich an die Stirn. Schon wieder hat er sich an eine Eselsbrücke falsch erinnert. Sie lautet doch eigentlich: „Die Würstchen im Wasser auf keinen Fall zum Kochen bringen, **dann werden die Würstchen wunderbar gelingen**."

Nun hat Friedrich aber genug von seinen eigenen Missgeschicken. Da war doch noch eine Eselsbrücke für Notfälle: „Das Haushaltsgeld ist lose **in der gelben Zuckerdose**."
Friedrich öffnet den Küchenschrank und zieht die gelbe Dose heraus. Gespannt öffnet er den Deckel. Erleichtert stellt er fest, dass er sich diesmal richtig erinnert hat. Friedrich fischt 20 Euro aus der Zuckerdose und steckt den Schein in seine Hosentasche. Damit wird er jetzt zum Metzger Richter um die Ecke schlendern und sich ein schönes Mettwurstbrötchen kaufen. Für das restliche Geld wird er heute Abend einfach in die Wirtschaft gehen. Und wenn Isolde ihn fragt, ob er zurechtgekommen ist, weiß Friedrich auch schon, was er antworten wird: „Aber natürlich, ich habe mir ja gute Eselsbrücken gebaut. Da kann gar nichts schiefgehen."

Gedächtnisübungen

1. Eselsbrücken gesucht

Die Teilnehmer sollen überlegen, welche bekannten Eselsbrücken sie kennen.

Beispiele: Wer nämlich mit „h" schreibt, ist dämlich; Sieben, fünf, drei – Rom schlüpft aus dem Ei; „-chen" und „-lein" machen alle Dinge klein …

Tipp: Lassen Sie die Teilnehmer eine Eselsbrücke zu den 16 Bundesländern formulieren.

2. Begriffe mit Tieren erklären

Bereiten Sie Wortkärtchen mit zusammengesetzten Wörtern vor, in denen Tiere enthalten sind, wie z. B. **Löwen**grube, Distel**fink**, **Eber**esche, **Schmetterlings**flieder, **Bären**hunger, **Fliegen**pilz, **Eulen**spiegel, Regenbogen**fisch**, **Kuh**glocke. Reihum zieht jeder Teilnehmer ein Wortkärtchen und umschreibt seinen Begriff der Gruppe.

Beispiel „Löwengrube": „Der erste Teil meines Wortes ist ein Raubtier mit Mähne. In den zweiten Teil meines Wortes fällt man sprichwörtlich selbst hinein, wenn man es für andere gräbt."

3. Versteckte Tiere

Die Teilnehmer suchen nach Wörtern, in denen sich ein Tier „versteckt".

Beispiele: G**rind**elwald, W**eber**ei, D**reh**er, Sc**hund**roman, Ti**schwein**, **Laus**anne, Pf**legel**eistung, Sch**wal**bach, Eid**otter**, H**ochse**ilakt …

Bewegungsgeschichten

Bewegung – insbesondere in Kombination mit Gedächtnistraining – fördert nicht nur die Gesundheit, sondern steigert auch die geistige Leistung und damit Konzentrationsfähigkeit. Schon wenige Minuten täglich reichen, um die grauen Zellen auf Trab zu bringen und den Kopf fit für den Alltag zu machen. Doch nicht nur das: Bewegung trägt auch dazu bei, körperlichen und geistigen Stress abzubauen oder sogar zu verhindern.
Diese Geschichten sorgen für Spaß am Bewegen und Denken – und sind damit ideal für ein abwechslungsreiches Training von Körper und Geist!

Das bisschen Haushalt?!

Die folgende **Bewegungsgeschichte** ist so aufgebaut, dass Sie als Vorleser die Bewegungen vorführen und Ihre Teilnehmer die Bewegungen nachmachen. Damit Sie die Bewegungsimpulse schnell erkennen, sind diese farbig in Klammern hervorgehoben. Je nach Zielgruppe können Sie die Bewegungen auch vor dem Lesen einmal mit den Senioren ausführen.

Lesen Sie die Geschichte erneut langsam vor und stellen Sie Ihren Teilnehmern vorab – je nach Leistungsfähigkeit – eine oder mehrere der folgenden Aufgaben:

- Merken Sie sich die Namen der Personen, die in der Geschichte vorkommen. *(Monika und Siegfried)*
- Merken Sie sich, was Monikas Mann macht, während sie putzt. *(er sitzt am Esstisch und blättert in der Zeitung)*
- Merken Sie sich, mit welcher Aussage Siegfried seine Frau Monika verärgert. *(„Das bisschen Haushalt. Ich würde schon mal gern wissen, wieso du dabei so stöhnen musst.“)*
- Merken Sie sich, welche Hausarbeiten Siegfried für die reinste Erholung hält. *(Fensterputzen, Staubwischen, ein bisschen Gläserpolieren)*
- Merken Sie sich, welche Hausarbeiten Siegfried unter der Anleitung seiner Frau Monika verrichten muss. *(das Fenster der Balkontür putzen und polieren, die Oberseite des Einbauschrankes abwischen)*

© Marius Graf – Fotolia.com

Das bisschen Haushalt?!

„Ach, so eine Schufterei“, sagt Monika und steigt von der Trittleiter. Sie hat eben das Küchenfenster geputzt und wischt sich den Schweiß von der Stirn. Siegfried, ihr Mann, hat schon Feierabend. Er sitzt am Esstisch und blättert in der Zeitung. Als Monika den letzten Tritt nach unten gestiegen ist, dreht sie sich zu ihrem Mann um. Der hat die Zeitung beiseitegelegt und grinst.
„Das bisschen Haushalt. Ich würde schon mal gern wissen, wieso du dabei so stöhnen musst“, sagt er und zwinkert Monika zu. Doch Monika findet das gar nicht lustig. Sie stemmt die Arme in die Seiten und sieht ihren Mann mit vor Ärger funkelnden Augen an.
„Haushalt ist Schwerstarbeit. Aber das kannst du dir ja nicht vorstellen. Du sitzt ja den ganzen Tag in der Firma gemütlich in deinem Bürosessel“, schnaubt sie.

Jetzt fühlt sich Siegfried bei seiner Ehre gepackt.
„Von wegen gemütlich. Ich habe jeden Tag einen Berg an Unterlagen abzuarbeiten. Dagegen ist Fensterputzen, Staubwischen und ein bisschen Gläserpolieren die reinste Erholung“, behauptet er.
„Na dann, bitteschön.“ Monika hält Siegfried ihren Wischlappen hin. „Du hast jetzt Feierabend und sagst doch immer, dass du dich da erholen musst. Probiere das doch gleich mal beim Fensterputzen aus.“
Siegfried will sich nicht nachsagen lassen, dass er sich vielleicht getäuscht hat. Darum murrt er zwar ein bisschen, steht dann aber auf und nimmt den Lappen. Gemeinsam gehen die beiden ins Wohnzimmer. Monika deutet zur Balkontür. Siegfried klatscht den Lappen an die Scheibe.
„Schön auf und ab. Und auf und ab. Und auf und ab. Und auf und ab“, kommandiert Monika *(beide Hände auf und ab bewegen)*.

Dann hält sie Siegfried ein Fensterleder hin.
„Und jetzt polieren. Schön im Kreis herum wischen. Und rundherum. Und rundherum. Und rundherum“ *(mit beiden Händen Kreise in die Luft malen)*. Siegfried kommt ins Schwitzen. Das hätte er nicht gedacht.
„Der Einbauschrank muss ganz oben gewischt werden“, sagt sie und bringt ihrem Mann ein Staubtuch. Siegfried streckt sich weit nach oben, aber sein Arm reicht nicht bis zur Schrankoberseite. Er streckt sich weiter und weiter und weiter *(beide Arme weit hochstrecken)*.
„Und jetzt hin und her wischen“, sagt Monika, als Siegfried sich weit genug gestreckt hat. Er klemmt vor Anstrengung die Unterlippe zwischen die Zähne und wischt hin und her und hin und her und hin und her *(beide Hände hin und her bewegen)*.

„Brauchst du noch mehr Erholung?“, fragt Monika. Sie will gerade die Gläser aus der Vitrine räumen. Die gehören schon lange mal wieder gespült. Aber Siegfried hält ihre Hand fest.
„Du hast Recht. Haushalt ist nicht nur ein bisschen Spaß. Das ist echte Arbeit“, sagt Siegfried kleinlaut.
„Ach ja?“, meint Monika und fängt an, zu lachen. Siegfried zuckt mit den Schultern. Dann lacht er mit.
„Aber jetzt haben wir uns beide richtige Erholung verdient“, sagt er.
Monika nickt. „Wie wäre es mit einem Stück Apfelkuchen?“, fragt sie.
Siegfried schaut sie skeptisch an.
„Aber nur, wenn ich dafür vorher nicht noch den Teig kneten muss“, sagt er grinsend. Monika lacht noch lauter und schüttelt den Kopf.
„Nein, der Kuchen ist schon seit einer Stunde fertig. Aber wie wäre es, wenn du noch ein bisschen Sahne für uns schlägst?“
„Na gut. Das bisschen Sahneschlagen schaffe ich gerade noch“, meint Siegfried und freut sich auf einen wirklich erholsamen Feierabend mit Kuchen und Sahne.

Gedächtnisübungen

1. Alte Hausmittel gesucht

Die Teilnehmer sollen erzählen, welche alten Hausmittel früher benutzt wurden, die heute nicht mehr oder evtl. nur noch bedingt eingesetzt werden.

Beispiele: „Wiener Kalk“ zum Reinigen und Polieren von u. a. Edelstahl und Silber; Zitrone und schwarzer Tee zum Fensterputzen; Essigwasser zum Auffrischen der Polstermöbel …

2. Sprichwörter zum Thema „Haushalt“ gesucht

Die Teilnehmer suchen nach Sprichwörtern oder Redewendungen zum Thema „Haushalt“.

Beispiele: eigener Herd ist Goldes wert, die Axt im Haus erspart den Zimmermann, etwas blank putzen, den Kochlöffel schwingen, viele Köche verderben den Brei, etwas wienern …

3. Schüttelanagramm

Schreiben Sie nachfolgende geschüttelte Putzutensilien an ein Flipchart oder an eine Tafel. Die Teilnehmer sollen herausfinden, um welche Gegenstände es sich handelt.

Beispiele:

a. REIME = Eimer
b. SENEB = Besen
c. RIETEL = Leiter
d. BUCHSRBER = Schrubber
e. BASTUHUCT = Staubtuch
f. TUBASREGAUS = Staubsauger
g. RECHMISEISEF = Schmierseife
h. ERNSTEFREDEL = Fensterleder

Das Familienfoto

Die folgende **Bewegungsgeschichte** ist so aufgebaut, dass Sie als Vorleser die Bewegungen vorführen und Ihre Teilnehmer die Bewegungen nachmachen. Damit Sie die Bewegungsimpulse schnell erkennen, sind diese farbig in Klammern hervorgehoben. Je nach Zielgruppe können Sie die Bewegungen auch vor dem Lesen einmal mit den Senioren ausführen.

Lesen Sie die Geschichte erneut langsam vor und stellen Sie Ihren Teilnehmern vorab – je nach Leistungsfähigkeit – eine oder mehrere der folgenden Aufgaben:

- Merken Sie sich, wie das Fotostudio heißt. *(Fotostudio Weber)*
- Merken Sie sich, wer lieber legere Kleidung trägt. *(Katharina)*
- Merken Sie sich, welche Faxen die beiden Kinder vor Katharina machen. *(Martin macht Anita mit Zeige- und Mittelfinger Hasenohren, Anita zeigt ihrem Bruder einen Vogel)*
- Merken Sie sich die Namen der Familienmitglieder. *(Katharina, Herbert und die beiden Kinder Martin und Anita)*
- Merken Sie sich, welche Kleidung die Familie für das gemeinsame Foto angezogen hat. *(Katharina trägt ihre neue, weiße Bluse mit der Schleife am Kragen, Herbert seinen roten Schlips und die Kinder ihre Sonntagskleidung)*

© jakkapan – Fotolia.com

Das Familienfoto

Katharina, Herbert und ihre beiden Kinder Martin und Anita haben heute etwas Besonders vor. Sie wollen ein Familienfoto machen lassen. Für den Termin beim Fotografen haben sich alle ziemlich herausgeputzt. Eigentlich mag Katharina es lieber leger. Doch für das Familienfoto trägt sie ihre neue, weiße Bluse mit der Schleife am Kragen. Herbert hat seinen roten Schlips umgebunden und Martin und Anita tragen ihre Sonntagskleidung. So betreten die Vier das „Fotostudio Weber".

„Schön, dass Sie da sind. Bitte kommen Sie doch mit nach hinten", begrüßt Herr Weber die Familie und klatscht in die Hände *(in die Hände klatschen)*. Im hinteren Teil des Ladens befindet sich ein abgedunkelter Raum. Herr Weber winkt Katharina mit Herbert und ihren Kindern herein *(mit der Hand herwinken)*. Während Martin und Anita sich neugierig im Raum umsehen, geht Herr Weber zur hinteren Wand. Er streckt sich und zieht einen grauen Hintergrund nach unten *(Hand hochstrecken und nach unten ziehen)*.
„Bitte stellen Sie sich für das Foto auf. Die Eltern nach hinten, die Kinder nach vorne", dirigiert Herr Weber die Familie auf ihre Position. Er selbst stellt sich hinter die Kamera.

Katharina legt ihre Hände auf die Schultern von Martin, Herbert zieht Anita an sich heran.
„Und jetzt bitte lächeln!", ruft Herr Weber und drückt auf den Auslöser des Fotoapparats. Während es mehrmals klickt, bemerkt Katharina, dass Anita ihren Bruder versehentlich anrempelt. Sie sieht, wie sich Martins Kopf nach links dreht und hört ein lautes „Bäh!".
„Martin hat mir die Zunge herausgestreckt", ruft Anita beleidigt *(Zunge rausstrecken)*. Herr Weber blickt über die Kamera zu Katharinas Familie. „Versuchen wir es noch mal", murmelt er. Kurz darauf hat er seinen

Finger wieder am Auslöser. Genau in diesem Moment bemerkt Katharina, dass sich ihre Schleife an der Bluse gelöst hat. Schnell bindet sie sie wieder zu *(mit beiden Händen in der Luft eine Schleife binden)*. Dann wirft sie ihrem Mann einen raschen Blick zu. Seine Krawatte ist verrutscht. Sie beugt sich zu Herbert und zieht seinen Binder nach oben *(mit den Händen am Hals die Krawatte zurechtrücken)*. Aus den Augenwinkeln sieht Katharina, dass ihre beiden Kinder vor ihr Faxen machen: Martin macht Anita mit Zeige- und Mittelfinger Hasenohren *(Zeige- und Mittelfinger zu Hasenohren hochstrecken)*. Anita zeigt ihrem Bruder einen Vogel *(mit dem Zeigefinger an die Stirn tippen)*.
Herr Weber seufzt: „So ein Durcheinander. Jetzt halten Sie doch alle mal still!“
„Moment!“, ruft Katharina und streicht Martin noch schnell die Haare glatt *(mit der flachen Hand über den Kopf streichen)*. Dann endlich stehen Katharina, Herbert, Martin und Anita ruhig in Reih und Glied.
„Bitte recht freundlich!“, trällert Herr Weber und knipst erneut.

Am Computer können sich alle die Fotos ansehen, die Herr Weber gemacht hat. Auf zwei Bildern stehen alle artig da und lächeln. Auf den anderen Fotos hingegen zappeln alle herum.
„Ich finde die Fotos, auf denen wir Unsinn machen, am schönsten“, findet Anita. Ihr Bruder Martin stimmt ihr voll und ganz zu und nickt.
„So ist sie eben, unsere Familie“, sagt Herbert und kann sich ein Lächeln nicht verkneifen.
„Da hast du wohl Recht“, sagt Katharina und muss ebenfalls anfangen, zu lachen. Am Schluss entscheiden sich alle für ein Foto, auf dem sie brav in die Kamera lächeln. Und für die zwei lustigsten Bilder, auf denen sie aussehen wie vier Zappelphilippe.

Gedächtnisübungen

1. Brainstorming

Die Teilnehmer sollen überlegen, zu welchen Anlässen Fotos gemacht werden.

Beispiele: Geburt eines Kindes, Tauffeier, erster Schultag, Kommunion, Konfirmation, Schulfeier, Polterabend, Hochzeit, Urlaub ...

Tipp: Lassen Sie die Teilnehmer von Begebenheiten oder Anlässen erzählen, zu denen sie Fotos gemacht haben. Was ist das Besondere an diesen Bildern?

2. Fantasieübung

Für diese Übung werden unterschiedliche Fotos benötigt. Empfehlenswert sind mindestens doppelt so viele Fotos wie Teilnehmer. Legen Sie die Fotos für alle gut sichtbar aus und fordern Sie Ihre Teilnehmer auf, sich ein Bild auszusuchen, von dem sie sich angesprochen fühlen. Aufgabe der Teilnehmer ist es, ihrem Foto einen Titel zu geben. Dabei wird das Bild für alle gut sichtbar in die Runde gezeigt. Sammeln Sie die Fotos, je nach Leistungsfähigkeit Ihrer Teilnehmer, anschließend wieder ein, mischen Sie diese und zeigen Sie sie erneut in die Runde. Die Teilnehmer sollen versuchen, den Titel zu erinnern und die Person, die ihn vergeben hat.

3. Pantomime

Die Teilnehmer sollen sich unterschiedliche Situationen überlegen, die sie pantomimisch darstellen können. Die Gruppe versucht anschließend, herauszufinden, welche Situationen nachgestellt werden.

Beispiele: Einkaufen, im Chor singen, Holz hacken, Friseurbesuch ...

Viele Kühe machen Mühe

Die folgende **Bewegungsgeschichte** ist so aufgebaut, dass Sie als Vorleser die Bewegungen vorführen und Ihre Teilnehmer die Bewegungen nachmachen. Damit Sie die Bewegungsimpulse schnell erkennen, sind diese farbig in Klammern hervorgehoben. Je nach Zielgruppe können Sie die Bewegungen auch vor dem Lesen einmal mit den Senioren ausführen.

Lesen Sie die Geschichte erneut langsam vor und stellen Sie Ihren Teilnehmern vorab – je nach Leistungsfähigkeit – eine oder mehrere der folgenden Aufgaben:

- Merken Sie sich, wer das Wochenende auf dem Bauernhof verbringt. *(Hubert und seine Frau Rosemarie)*
- Merken Sie sich, wem der Bauernhof gehört. *(Huberts Cousin Günter)*
- Merken Sie sich, wohin Hubert als Erstes geht. *(zur Pferdekoppel)*
- Merken Sie sich, welche Arbeiten Hubert auf dem Bauernhof verrichtet. *(Stall ausmisten, melken)*
- Merken Sie sich, wohin Hubert das alte Stroh werfen soll. *(in die Schubkarre)*
- Merken Sie sich, was Hubert abends im Bett macht. *(er dehnt und streckt sich, weil er alle Knochen spürt)*
- Merken Sie sich, welche Namen in der Geschichte vorkommen. *(Hubert, Rosemarie, Günter, Kuh Liese)*

Viele Kühe machen Mühe

„Was für eine herrliche Landluft", sagt Hubert und atmet tief ein. Er und seine Frau Rosemarie verbringen das Wochenende auf dem Bauernhof von Huberts Cousin Günter. Rosemarie rümpft die Nase. Sie findet, hier stinkt es gewaltig!

„Was wollen wir hier überhaupt? Wir sind Stadtmenschen", brummt Rosemarie und zupft ihre Frisur zurecht.

„Aber so ein Bauernhof hat etwas Ursprüngliches. Ich werde mich heute mal ein bisschen nützlich machen", meint Hubert und verschwindet pfeifend in Richtung Pferdekoppel. Rosemarie schaut ihm kopfschüttelnd nach.

Hubert klettert beherzt über den Weidenzaun und bewundert die drei Pferde, die genüsslich grasen.

„Kann ich dir helfen?", ruft er seinem Cousin Günter gut gelaunt zu.

Günter winkt Hubert heran *(mit einer Hand heranwinken)*.

Auf dem Weg zu seinem Cousin holt Hubert mit der Hand aus. Mutig klatscht er einem der Pferde auf das Hinterteil *(mit der Hand auf den Oberschenkel klatschen)*. Plötzlich macht das Pferd einen Satz und galoppiert wiehernd davon.

„Nicht!", ruft Günter. Er eilt zu Hubert und tätschelt ihm die Schulter *(sich selbst auf die Schulter klopfen)*. „Komm lieber mit in den Kuhstall. Da kannst du mir beim Ausmisten helfen." Hubert nickt begeistert und folgt seinem Cousin.

Ehrfürchtig schreitet Hubert hinter Günter die Stallgasse entlang. Die Kühe sehen ihn mit großen Augen an. Günter holt eine Mistgabel und hält sie Hubert hin. „Fang im ersten Stall an. Immer schön das alte Stroh aufsammeln und in die Schubkarre werfen", weist er seinen Verwandten an.

Hubert bewegt die Gabel auf dem Boden vor und zurück *(beide Hände vor und zurück bewegen)*. Das Misten ist ziemlich anstrengend, findet Hubert. Bald hat er keine Lust mehr.
„Kann ich es vielleicht mal mit dem Melken versuchen? Ich habe zwei sehr geschickte Hände“, wendet er sich an Günter.
„Mit der Hand melken wir längst nicht mehr. Das macht heutzutage die Melkmaschine“, lacht Günter. „Aber ich zeig dir trotzdem, wie das Melken mit den Händen funktioniert.“

Kurz darauf sitzt Hubert auf einem Melkschemel neben Liese, einer braun-weißen Kuh. Der Kuhschwanz peitscht ihm immer wieder ins Gesicht. Hubert schüttelt irritiert den Kopf *(den Kopf schütteln)*. Dann fährt er sich mit einer Hand übers Gesicht *(mit einer Hand über das Gesicht wischen)*.
„Ruhig, Liese“, redet Günter auf die Kuh ein. Dann reibt er seine Hände aneinander und massiert das Euter der Kuh *(beide Hände aneinander-reiben)*. Anschließend zeigt er Hubert, wie er die Hände an die Zitzen legen muss.
„Jetzt umschließt du mit den Händen die Zitzen und drückst sie abwechselnd, um sie zu melken“ *(mit beiden Händen Melkbewegungen machen)*. Hubert probiert und probiert, aber es will einfach keine Milch in den Eimer tropfen. Günter lacht: „Gar nicht so einfach, was?“

Abends im Bett spürt Hubert alle Knochen. Er dehnt und streckt sich *(dehnen und strecken)*.
„Was hast du denn?“, will Rosemarie wissen.
„Ich glaube, du hattest Recht“, gibt Hubert kleinlaut zu. „Wir sind echte Stadtmenschen und für das Landleben so gar nicht gemacht.“

Gedächtnisübungen

1. Bauernhof früher und heute

Die Teilnehmer sollen überlegen, wie früher auf einem Bauernhof gearbeitet wurde und was sich bis heute alles verändert hat.

Beispiele:

a. Früher wurden der Pflug und der Heuwagen von einem Pferd gezogen – heute werden diese Arbeiten von einem Traktor erledigt.

b. Früher wurden die Kühe von Hand gemolken – heute macht das die Melkmaschine.

c. Früher wurde der Samen von Hand ausgesät – heute verwendet der Bauer sogenannte „Drillmaschinen".

2. Zoo – Wald – Bauernhof

Die Teilnehmer nennen reihum im Wechsel ein Tier, das man im Zoo besichtigen kann, ein Tier, das man im Wald beobachten kann, sowie Tiere des Bauernhofes.

Beispiele: Seelöwe, Reh, Kuh, Affe, Eichelhäher, Ziege, Flamingo, Wildschwein, Hahn, Elefant, Eichhörnchen, Pferd …

3. Bauernmarkt

Die Teilnehmer sollen sich vorstellen, dass sie einen imaginären Einkaufskorb mit Dingen von einem Bauernmarkt füllen. Hierzu legt jeder Teilnehmer reihum, wie beim sogenannten „Ich packe meinen Koffer"-Spiel, einen Gegenstand in den Korb. Die genannten Dinge werden von den Teilnehmern jedes Mal wiederholt. Am Ende wird der Einkaufskorb reihum wieder ausgepackt. Dazu nennt jeder Teilnehmer einen Gegenstand eines anderen Mitspielers, bis der Korb leer ist.

Tanzstunde mit Hindernissen

Die folgende **Bewegungsgeschichte** ist so aufgebaut, dass Sie als Vorleser die Bewegungen vorführen und Ihre Teilnehmer die Bewegungen nachmachen. Damit Sie die Bewegungsimpulse schnell erkennen, sind diese farbig in Klammern hervorgehoben. Je nach Zielgruppe können Sie die Bewegungen auch vor dem Lesen einmal mit den Senioren ausführen.

Lesen Sie die Geschichte erneut langsam vor und stellen Sie Ihren Teilnehmern vorab – je nach Leistungsfähigkeit – eine oder mehrere der folgenden Aufgaben:

- Merken Sie sich den Namen der Tanzschule. *(Rosenrot)*
- Merken Sie sich, wie viele Paare sich am ersten Tanzabend versammelt haben. *(fünf)*
- Merken Sie sich, was die Tanzschüler zum Aufwärmen machen sollen. *(locker durch den Raum gehen)*
- Merken Sie sich, wer einen Tanzkurs besucht. *(Margot und Richard)*
- Merken Sie sich, wie die beiden Tanzlehrer heißen. *(Paul und Christel)*
- Merken Sie sich, welche Tänze am ersten Abend eingeübt werden. *(Foxtrott, Tango und Walzer)*

© Africa Studio – Fotolia.com

Tanzstunde mit Hindernissen

„Tanzen ist etwas Wunderbares", findet Margot. Doch leider hat ihr Mann Richard zwei linke Füße. Das behauptet er jedenfalls. Damit sie zusammen endlich mal richtig das Tanzbein schwingen können, hat Margot sie beide für einen Tanzkurs angemeldet. Heute Abend geht es los.

Im Saal der „Tanzschule Rosenrot" haben sich fünf Paare versammelt. Die Tanzlehrer Paul und Christel begrüßen alle ganz herzlich. Zum Aufwärmen sollen die Tanzschüler einfach ganz locker durch den Raum gehen. Doch bereits da kommt Richard ins Schwitzen. Er fächelt sich mit der linken Hand Luft zu *(mit der linken Hand vor dem Gesicht wedeln)*. Weil Margot ihm daraufhin einen missbilligenden Blick zuwirft, steckt er seine Hand schnell in die Hosentasche. Dann beginnt die erste Tanzübung.
„Wir starten mit einem Foxtrott. Nehmen Sie die richtige Tanzhaltung ein", ruft Christel. Sie und Paul machen es vor. Richard legt Margot etwas ungelenk einen Arm um die Taille und nimmt ihre Hand.
„Schauen Sie genau zu, meine Herren: Linker Fuß beginnt. Linker Fuß vor, rechter Fuß vor, linker Fuß zur Seite, rechten Fuß anziehen. Rück, rück, Seit, Schluss", sagt der Tanzlehrer *(„Foxtrottschritte" im Sitzen mit den Füßen nachmachen)*. Wie er seine Partnerin übers Parkett schiebt, sieht wirklich anmutig aus. Dann sind die Tanzschüler an der Reihe. Vor, vor, Seit, Schluss. Rück, rück, Seit, Schluss *(„Foxtrottschritte" im Sitzen mit den Füßen nachmachen)*.

„Au!", ruft Margot halblaut. Schon beim dritten Schritt ist ihr Mann ihr prompt auf den Fuß gestiegen. Richard zuckt entschuldigend mit den Schultern *(Schultern heben und fallen lassen)*.
„Foxtrott mag ich nicht. Aber jetzt kommt gleich ein neuer Tanz. Vielleicht bin ich darin besser", murmelt Richard. Christel, die Tanzlehrerin, klatscht viermal in die Hände *(4-mal klatschen)*.

„Kommen wir zum Tango. Mehr Körperspannung, bitte." Paul und Christel zeigen allen, wie es geht.
„Linker Fuß beginnt. Linker Fuß vor, rechter Fuß vor, Wiegeschritt. Rechter Fuß zurück, linker Fuß zur Seite, rechten Fuß anziehen" *(„Tangoschritte" im Sitzen mit den Füßen nachmachen)*. Richard bemüht sich wirklich, aber er ist vollkommen überfordert. Die Tanzlehrerin ruft wieder: „Linker Fuß beginnt. Vor, vor, Wiegeschritt. Rück, Seit, Schluss" *(„Tangoschritte" im Sitzen mit den Füßen nachmachen)*.
„Das sieht aus, als wolltest du mit mir den Boden wischen", zischt Margot Richard wenig begeistert ins Ohr.

Schließlich wird noch Walzer geübt. Christel und Paul sind ein echtes Traumpaar. Paul zählt alle Schritte laut mit.
„Rechter Fuß beginnt. Rechter Fuß vor, linker Fuß zur Seite, rechten Fuß anziehen" *(„Walzerschritte" im Sitzen mit den Füßen nachmachen)*. Richard murmelt alle Anweisungen leise mit, während er versucht, die richtigen Schritte zu machen.
„Und noch mal! Rechter Fuß beginnt. Vor, Seit, Schluss. Vor, Seit, Schluss" *(„Walzerschritte" im Sitzen mit den Füßen nachmachen)*. Doch obwohl Richard den Kopf die ganze Zeit gesenkt hält und seine Füße im Blick behält, schafft er es nicht, die Schritte richtig nachzumachen. Das ist ihm ziemlich peinlich. Unsicher schaut er zu Margot und ist auf einmal ganz überrascht. Statt ärgerlich dreinzublicken, grinst sie übers ganze Gesicht.
„Du hast wirklich zwei linke Füße. Wir sollten uns ein anderes gemeinsames Hobby suchen", kichert sie. Erleichtert nickt Richard *(mit dem Kopf nicken)* und fragt seine Frau: „Wie wäre es mit Angeln oder Wandern? Egal was. Nur nicht Tanzen." Dann lachen beide los.

Gedächtnisübungen

1. Tanzstunden-Erinnerungen

Für viele Senioren war es früher üblich, an Tanzkursen teilzunehmen. Lassen Sie Ihre Teilnehmer Begebenheiten oder Anekdoten aus dieser Zeit erzählen. Wer möchte sogar ein „Tänzchen aufs Parkett legen?"

2. Hobbys gesucht

Die Teilnehmer sollen nach Hobbys suchen, die man entweder allein oder mit einem Partner durchführen kann.

Beispiele: Angeln, Stricken, Lesen, Töpfern, Fußballspielen, Musizieren …

Tipp: Die Antworten können an ein Flipchart oder an eine Tafel geschrieben werden. Die Teilnehmer suchen anschließend nach Gemeinsamkeiten, wie z. B. Handarbeiten, Ballsportarten, Hobbys im Freien oder in der Halle …

3. Tanz–Füllwörter

Schreiben Sie die nachfolgende Übung an ein Flipchart oder an eine Tafel. Die Teilnehmer suchen Wörter, die in die Mitte passen, sodass zwei neue, sinnvoll zusammengesetzte Wörter entstehen. Wenn es sprachlich erforderlich ist, dürfen Buchstaben hinzugefügt oder weggelassen werden.

Beispiel: Tanz .... Wagen
Lösung: Tanz ......**Tee**...... Wagen (Tanztee, Teewagen)
a. Tanz ......**Bein**...... Bruch (Tanzbein, Beinbruch)
b. Tanz ..**Stunde**.. Lohn (Tanzstunde, Stundenlohn)
c. Tanz ......**Bär**...... Hunger (Tanzbär, Bärenhunger)

Ein besonderer Geburtstagskuchen

Die folgende **Bewegungsgeschichte** ist so aufgebaut, dass Sie als Vorleser die Bewegungen vorführen und Ihre Teilnehmer die Bewegungen nachmachen. Damit Sie die Bewegungsimpulse schnell erkennen, sind diese farbig in Klammern hervorgehoben. Je nach Zielgruppe können Sie die Bewegungen auch vor dem Lesen einmal mit den Senioren ausführen.

Lesen Sie die Geschichte erneut langsam vor und stellen Sie Ihren Teilnehmern vorab – je nach Leistungsfähigkeit – eine oder mehrere der folgenden Aufgaben:

- Merken Sie sich den Namen des Mannes, der für seine Frau einen Kuchen backen will. *(Erhard)*
- Merken Sie sich, wer Geburtstag hat. *(Erhards Frau Helga)*
- Merken Sie sich, wer Erhard beim Backen hilft. *(seine Schwester Marlies)*
- Merken Sie sich, warum der Kuchen ungenießbar ist. *(statt Zucker hat Erhard Salz für den Guss verwendet)*
- Merken Sie sich, was auf dem Kuchenbüfett steht. *(Gebäckstücke und ein Nusskuchen)*
- Merken Sie sich die angegebenen Zutaten. *(180 g Zucker, 6 Eier, 200 g Butter, Mehl)*

© dispicture – Fotolia.com

Ein besonderer Geburtstagskuchen

Erhards Frau Helga hat Geburtstag und er möchte sie unbedingt mit einem besonderen Geschenk überraschen. Weil Helga gern Süßes isst, soll es ein selbst gebackener Geburtstagskuchen sein. So macht sich Erhard unter Anleitung seiner Schwester ans Werk.

„Erst werden die Zutaten abgemessen", erklärt Marlies ihrem Bruder. Sie holt die Waage und stellt eine Schüssel darauf. Dann stellt sie eine zweite Schüssel bereit und holt die Zutaten für den Kuchen. Erhard nimmt die Zuckerdose mit einer Hand hoch. Ist die schwer!
„Wir brauchen 180 Gramm Zucker", sagt Marlies. Erhard hebt die Zuckerdose über die Schüssel auf der Waage und kippt sie langsam *(imaginäre Zuckerdose hochheben und kippen)*. 150, 160, 170, 180 Gramm. Passt.
„Nun kommen als Nächstes sechs Eier und die Butter in die Schüssel." Marlies zeigt Erhard zuerst, wie man die Eier am Rand der Schüssel aufschlägt.
„Jetzt bist du an der Reihe", fordert sie ihren Bruder auf. Zack! Schon liegt das erste Ei auf dem Boden.
„Mit Gefühl!", ruft Marlies. Erhard strengt sich an. Er hat seine Zungenspitze zwischen die Zähne geklemmt und klopft das Ei an die Schüssel *(imaginäres Ei mit einer Hand aufschlagen)*. Klack! Und noch eins. Klack! Und noch eins. Schließlich sind sechs Eier geschafft.

Marlies schiebt Erhard die Butter hin: „Davon brauchen wir 200 Gramm."
Mit einem Messer schneidet Erhard ein Stück Butter ab. Jetzt wird die Masse verquirlt. Erhard nimmt das Handrührgerät. Er hält es mit der linken Hand fest. Mit der rechten Hand dreht er am Hebel *(imaginären Hebel drehen)*. Dann kommt noch Mehl in den Teig. Wieder muss

Erhard alles verrühren. Das Quirlen macht ihm Spaß. Deshalb dreht Erhard immer schneller *(imaginären Hebel schneller drehen)*.
„Achtung! Aufpassen!“, mahnt Marlies. Sie wischt sich einen Teigspritzer von ihrer Bluse und sieht Erhard tadelnd an. Kurz darauf ist der Teig in die Kuchenform gefüllt und steht im Ofen. Stolz sieht Erhard durch das Backofenfenster, wie sich der Kuchen langsam goldbraun färbt. Süßer Duft erfüllt die Küche. Eine Stunde später ist der Kuchen fertig.

Am nächsten Tag kommen nachmittags die Geburtstagsgäste, um mit Erhards Frau Helga zu feiern. Natürlich kommt auch Marlies. Auf dem Kuchenbüfett stehen Gebäckstücke und ein gekaufter Nusskuchen vom Bäcker. Erhard stellt sich neben seine Schwester und macht ein zerknirschtes Gesicht.
„Sag mal, wo ist denn der Kuchen, den du für deine Frau gebacken hast? Ist er nicht gut angekommen?“, flüstert Marlies ihrem Bruder zu.
„Eigentlich schon. Er schmeckt nur nicht“, murmelt Erhard.
„Aber wieso?“, will Marlies wissen.
„Ich habe den Kuchen noch mit Zuckerguss dekoriert“, meint Erhard. „Aber als du weg warst, habe ich plötzlich den Überblick verloren.“
Jetzt stellt sich Helga, das Geburtstagskind, zu Bruder und Schwester.
„Liebe Schwägerin, versprich mir, dass du Erhard beim Kuchenbacken in Zukunft keine Sekunde aus den Augen lässt“, meint sie grinsend.
Erhard nickt. „Das ist wohl notwendig. Denn statt Zuckerguss ...“
„... gab es Salzguss“, vollendet Helga den Satz ihres Mannes.
„Aber es war gut gemeint“, brummt Erhard.
„Nur leider ungenießbar“, lacht Helga. Da fängt auch Marlies an, zu kichern. Und Erhard ringt sich wenigstens ein Grinsen ab.

Gedächtnisübungen

1. Kuchen-und-Gebäck-Abc

Die Teilnehmer suchen zu den Buchstaben des Alphabets Kuchen- und Gebäcksorten.

Beispiele: **A**merikaner, **B**utterkuchen, **C**hampagner-Sahne-Torte, **D**onauwellen, **E**clairs, **F**rankfurter Kranz …

Tipp: Erfinden Sie auch kreative Kreationen, wie z. B. **A**nis-Zimt-Schnecken, **B**asilikum-Buttercremetorte, **C**hardonnay-Sandkuchen …

2. Selbst gemachte Geburtstagsgeschenke

Die Teilnehmer überlegen, welche selbst gemachten Geburtstagsgeschenke man verschenken kann.

Beispiele: gehäkelte Topflappen, gestrickte Strümpfe, selbst gemachte Marmelade, ein selbst verfasstes Gedicht, ein selbst gemaltes Bild …

3. Wortkette

Schreiben Sie die nachfolgenden Wörter an ein Flipchart oder an eine Tafel. Aufgabe der Teilnehmer ist es, die Wörter in die richtige Reihenfolge zu bringen. Es entsteht eine Wortkette aus zusammengesetzten Wörtern. Die Wortkette beginnt und endet mit dem Wort „Kuchen“.

Beispiel: Gericht – Spiel – Kuchen – Schluss – Kegel – Teller – Kuchen – Bahn – Laden – Topf – Hof – Licht – Karte – Stein

Lösung: Kuchen – Teller – Gericht(s) – Hof – Laden – Schluss – Licht – Kegel – Bahn – Karte(n) – Spiel – Stein – Topf – Kuchen

Ein Hund für alle!

Die folgende **Bewegungsgeschichte** ist so aufgebaut, dass Sie als Vorleser die Bewegungen vorführen und Ihre Teilnehmer die Bewegungen nachmachen. Damit Sie die Bewegungsimpulse schnell erkennen, sind diese farbig in Klammern hervorgehoben. Je nach Zielgruppe können Sie die Bewegungen auch vor dem Lesen einmal mit den Senioren ausführen.

Lesen Sie die Geschichte erneut langsam vor und stellen Sie Ihren Teilnehmern vorab – je nach Leistungsfähigkeit – eine oder mehrere der folgenden Aufgaben:

- Merken Sie sich, wer keinen Hund im Haus haben möchte. *(Dietmar)*
- Merken Sie sich, welchen Familiennamen die Personen in der Geschichte haben. *(Fischer)*
- Merken Sie sich, welchen Namen der Hund hat. *(Waldi)*
- Merken Sie sich alle Namen der Familienmitglieder. *(Dietmar, Ehefrau Hannelore und die Kinder Klaus und Silke)*
- Merken Sie sich, von wem Waldi ein Leckerli bekommt. *(Silke)*
- Merken Sie sich, mit welchem Gegenstand Klaus vor Waldis Nase wedelt. *(mit einem kleinen Ast, den er neben dem Apfelbaum entdeckt hat)*
- Merken Sie sich, was Hannelore noch abends im Keller macht. *(sie kümmert sich um die Wäsche)*

© Jagodka – Fotolia.com

Ein Hund für alle!

„Ein Hund kommt mir nicht ins Haus! Auf gar keinen Fall", ruft Dietmar. Das wäre ja noch schöner! Seine Kinder Klaus und Silke liegen ihm damit nun schon seit Wochen in den Ohren. Leider ist Dietmars Frau Hannelore auf der Seite der Kinder. Darum dauert es nicht lange und der kleine Dackel Waldi wird neues Familienmitglied bei Familie Fischer – trotz Dietmars Protest.

„Der Hund geht mich nichts an. Ihr werdet euch ganz allein um ihn kümmern", meint Dietmar bestimmt. Hannelore und die Kinder scheinen ihn gar nicht zu hören. Entzückt beobachten sie, wie der Hund durch den Garten tollt. Dann holt Silke ein Leckerli für Waldi. Sie hebt ihren Arm ganz hoch *(einen Arm hochstrecken)*.
„Los, Waldi, hol es dir!", ruft sie. Der Dackel kommt angelaufen und springt begeistert hoch. Silke streckt ihren Arm noch höher *(Arm weiter hochstrecken)*. Waldi bellt und Silke lässt den Arm sinken *(Arm langsam sinken lassen)*. Jetzt hat der Hund sich seine Belohnung verdient. Silke füttert ihn mit dem Leckerli. Dann hat Klaus einen kleinen Ast neben dem Apfelbaum entdeckt. Er holt sich das Holzstück und wedelt damit vor Waldis Nase herum.
„Hol das Stöckchen!", ruft Klaus.
Er schwingt den Arm mit dem kleinen Ast weit nach hinten und lässt ihn dann nach vorne schnellen *(Arm nach hinten schwingen und nach vorne schnellen lassen)*. Klaus wirft das Stöckchen durch den Garten und Waldi verfolgt es schwanzwedelnd. Als er es erreicht hat, schnappt er sich den Ast und bringt ihn zurück.
„Guter Hund", lobt Klaus den Dackel. Begeistert wälzt sich Waldi im feuchten Gras.

„Jetzt ist er ganz schmutzig", stellt Hannelore fest. Sie geht ins Haus und kommt mit der Hundebürste zurück. Draußen setzt sie sich auf die Terrasse. Neugierig kommt Waldi angelaufen. Hannelore drückt die Bürste auf Waldis Fell. Mit langen Strichen zieht sie die Bürste über den Rücken des Hundes *(mit der flachen Hand von der Schulter bis zum Handgelenk des anderen Armes streichen)*.
„Schau nur, Waldi genießt das Bürsten richtig", jubelt Silke.
Das geht den ganzen Tag so weiter. Dietmar betrachtet das Spektakel aus der Ferne. Das hätte er sich ja denken können! Kaum ist so ein Köter im Haus, ist er abgeschrieben!

Als die Kinder abends im Bett sind und Hannelore sich im Keller um die Wäsche kümmert, sitzt Dietmar auf dem Sofa. Waldi setzt sich vor ihn auf den Boden und sieht ihn eindringlich aus seinen Hundeaugen an.
„Du musst mich gar nicht so anschauen. Ich mache mich hier für dich nicht zum Affen", brummt Dietmar. Der Dackel legt seinen Kopf schief und wedelt mit dem Schwanz. Irgendwie ist er ja schon ganz süß. Langsam legt er eine Hand auf Waldis Fell. Es ist warm und weich. Der Dackel rückt ein Stück näher heran. Ganz langsam beginnt Dietmar, über das Hundefell zu streicheln. Vor und zurück *(langsam mit einer Hand über die andere streichen)*. Das fühlt sich gut an, das muss Dietmar zugeben.
Plötzlich steht Hannelore neben Dietmar und Waldi.
„Ich wusste, dass ihr euch schnell anfreunden werdet", sagt sie lächelnd.
„So ein Quatsch!", murmelt Dietmar. „Ich kümmere mich nur darum, dass er erzogen wird."
„Ach so. Ja, klar", lacht Hannelore. Sie tätschelt Dietmars Schulter *(mit einer Hand die andere Schulter tätscheln)*.
„Schön, dass du dich doch auch mit um den Hund kümmerst. Auch wenn es nur wegen der guten Erziehung ist."

Gedächtnisübungen

1. Assoziationen zu Tieren

Die Teilnehmer stellen Gedankenverbindungen zu unterschiedlichen Tieren her.

Beispiele:

a. **Hund:** Haustier, treu, Lassie, Kommissar Rex, chinesisches Sternzeichen, Sternbild, Synonym für Bergwerkswagen …
b. **Bär:** Bär aus dem Märchen „Schneeweißchen und Rosenrot", Dosenmilch, Berlin, Raubtier, Teddy, Sternbild, Schmetterling …

2. Wörter mit „Hund" am Ende gesucht

Die Teilnehmer suchen nach Wörtern, die mit „-hund" enden. Dabei erklären Sie gleichzeitig, welche Bedeutung sich hinter dem Begriff verbirgt.

Beispiele: Flughund = Fledertier; **Spürhund** = ein Hund, der dazu ausgebildet ist, Fährten und Spuren zu verfolgen; **Lawinenhund** = ein Hund, der für die Suche von Menschen eingesetzt wird, die von einer Lawine verschüttet wurden …

3. Hunde–Teekessel

Die Teilnehmer suchen nach doppelsinnigen Begriffen, die gleichzeitig eine Hunderasse beschreiben und eine weitere Bedeutung haben. Die Teilnehmer haben die Aufgabe, solche Begriffe zu finden und die beiden Bedeutungen zu erklären.

Beispiele: Pudel = auch ein Fehlwurf beim Kegeln, **Boxer** = auch ein Sportler, **Schnauzer** = auch ein Oberlippenbart, **Papillon** = auch ein Filmdrama oder die französische Bezeichnung für „Schmetterling"

Wändestreichen will gelernt sein

Die folgende **Bewegungsgeschichte** ist so aufgebaut, dass Sie als Vorleser die Bewegungen vorführen und Ihre Teilnehmer die Bewegungen nachmachen. Damit Sie die Bewegungsimpulse schnell erkennen, sind diese farbig in Klammern hervorgehoben. Je nach Zielgruppe können Sie die Bewegungen auch vor dem Lesen einmal mit den Senioren ausführen.

Lesen Sie die Geschichte erneut langsam vor und stellen Sie Ihren Teilnehmern vorab – je nach Leistungsfähigkeit – eine oder mehrere der folgenden Aufgaben:

- Merken Sie sich die Namen, die in der Geschichte vorkommen. *(Roland und Elfriede)*
- Merken Sie sich, welche Räume gestrichen werden sollen. *(Küche, Wohnzimmer und Bad)*
- Merken Sie sich, in welchen Farben die Räume gestrichen werden sollen. *(ein helles Gelb für die Küche, ein warmes Beige für das Wohnzimmer, ein frisches Blau für das Bad)*
- Merken Sie sich, in welchen Farben Roland die einzelnen Räume streicht. *(die Küche blau, das Wohnzimmer gelb und das Bad beige)*

Wändestreichen will gelernt sein

Roland kann alles! Das glaubt seine Frau Elfriede zwar nicht so ganz, aber Roland ist davon absolut überzeugt.
„Die Küche, das Wohnzimmer und das Bad müssen unbedingt gestrichen werden", meint Elfriede.
„Kein Problem", sagt Roland. Elfriede hat die Farben für die Räume ausgesucht: ein helles Gelb für die Küche, ein warmes Beige für das Wohnzimmer und für das Bad ein frisches Blau. Die Farbeimer stehen bereit. Damit Roland ungestört werkeln kann, hat sich Elfriede mit ihrer Schwester zum Einkaufsbummel verabredet.
„Bis heute Abend. Ich bin gespannt, wie unsere Wohnung später aussieht", verabschiedet sich Elfriede. Roland ist froh, als die Wohnungstür ins Schloss fällt und er endlich anfangen kann, zu streichen.

Erst rückt er alle Möbel beiseite. Uff, die sind schwerer als gedacht. Er atmet tief ein und drückt gegen die Eckbank *(die Hände nach vorne drücken)*. Nach und nach stellt er alle Möbel in die Mitte der Räume. Dann breitet Roland überall Folie auf dem Boden aus – so sind Farbspritzer kein Problem. Die dünne Folie klebt zusammen. Roland muss seine Arme weit ausbreiten und dann die Folie in der Luft schütteln *(Arme nach außen strecken und schütteln)*. Ruck zuck ist alles abgedeckt. Schließlich klebt er Fußleisten und Fensterrahmen mit Klebeband ab. Verflixt! Das Band will einfach nicht richtig haften. Roland streicht kräftig über das Klebeband *(mit den Händen über den Tisch streichen)*. Jetzt kann er endlich mit dem Streichen beginnen. Roland nimmt einen der Farbeimer und öffnet den Deckel. Genau, das ist die richtige Farbe für die Küche. Dort fängt er an. Zuerst rührt er die Farbe mit einem Stock durch *(mit einer Hand einen imaginären Stock greifen und rühren)*. Dann taucht er die Farbrolle ein. Er hält die Rolle mit beiden Händen am Griff und zieht sie immer wieder von oben nach unten die Wand entlang *(mit beiden Händen einen imaginären Griff halten und wiederholt von oben nach unten gleiten lassen)*.

Nach und nach sind alle Wände in der Küche gestrichen. Anschließend macht sich Roland im Badezimmer an die Arbeit. Am Ende ist noch das Wohnzimmer an der Reihe. Roland kommt ganz schön ins Schwitzen. Mit dem Handrücken wischt er sich den Schweiß von der Stirn *(mit dem Handrücken über die Stirn wischen)*. Nach einigen Stunden ist Roland endlich fertig. Zufrieden betrachtet er sein Werk. Er klatscht begeistert in die Hände *(in die Hände klatschen)*. Da bemerkt er, dass seine Handflächen gelb-blau-beige gesprenkelt sind. In diesem Augenblick hört Roland, wie sich der Schlüssel im Schloss der Wohnungstür dreht. Elfriede ist zurück. Schnell geht er ins Bad und wäscht sich die Hände *(imaginäres Händewaschen)*. Roland hört, wie seine Frau die Wohnung betritt. Dann vernimmt er einen hellen Schrei. Bestimmt ist Elfriede ganz begeistert!

Roland tritt hinter seine Frau in die Küche.
„Na, was sagst du?", fragt er und grinst stolz. Elfriede schüttelt den Kopf.
„Dich kann man wirklich keine Sekunde aus den Augen lassen."
Roland blickt Elfriede ratlos an. Er hat sich solche Mühe beim Streichen gegeben und das Ergebnis kann sich sehen lassen, findet er.
„Was hast du denn?", will er wissen.
„Die Küche ist blau!", ruft Elfriede aus. Roland nickt. Das sieht er selbst. Er ist ja nicht farbenblind. Plötzlich durchzuckt es Roland wie ein Blitz. Eilig hastet er ins Wohnzimmer. Gelb. Und die Wände im Bad sind beige. Jetzt weiß er, was er falsch gemacht hat. Er ist zwar ein richtig guter Maler. Aber welches Zimmer er in welcher Farbe streichen sollte, das hat er leider wohl ein bisschen durcheinandergebracht.

Gedächtnisübungen

1. Renovieren – Sanieren – Modernisieren

Die Teilnehmer sollen Erklärungen für die drei genannten Begriffe mit dazugehörigen Beispielen finden.

Beispiele:

a. **renovieren:** der Begriff steht für „instand setzen" und „neu herrichten". Man renoviert in der Regel, um kleine Mängel zu beheben oder etwas optisch zu verbessern. Zur Renovierung gehören z. B. das Tapezieren, das Verlegen neuer Böden oder das Streichen einer Fassade.

b. **sanieren:** Beim Sanieren muss etwas repariert, teilweise sogar abgerissen und neu aufgebaut werden. In der Regel liegt ein ernsthafter Mangel vor, wie z. B. eine schimmelige Wand, ein undichtes Dach oder ein marodes Altbauhaus.

c. **modernisieren:** Bei der Modernisierung wird etwas verbessert bzw. bringt man das Haus oder die Wohnung auf den neuesten Stand, wie z. B. durch das Einsetzen von Isolierglasfenstern, durch die Erneuerung der Heizung oder durch die Dämmung von Dach oder Fassade.

2. Farbwörter suchen

Die Teilnehmer suchen nach Wörtern, in denen eine Farbe vorkommt.

Beispiele: Grünspecht, **Rot**kohl, **Blau**pause, **Gelb**sucht, **Grau**pe …

3. Innenarchitekten

Die Teilnehmer stellen sich vor, als Innenarchitekten tätig zu werden, und richten ein Haus mit allem, was sie brauchen, ein. Wie sollen Küche, Wohn-, Ess-, Schlaf-, Kinder-, Gäste- sowie Badezimmer und Gäste-WC aussehen?

Knobelgeschichten

Mit diesen Geschichten zum **Knobeln** fordern Sie das Gehirn voll und ganz heraus! Sie trainieren nicht nur das assoziative und logische Denken, sondern auch die Wortfindung, Urteilsfähigkeit, Denkflexibilität und nicht zuletzt das Langzeitgedächtnis – und wirken damit vorbeugend der Vergesslichkeit entgegen! Nehmen Sie die geistige Herausforderung an? Dann bringen Sie mit diesen Geschichten die Köpfe richtig zum Qualmen!

Das Muttertagsgedicht

Die folgende **Knobelgeschichte (Reimwortgeschichte)** beinhaltet verschiedene Reimwörter, die von den Teilnehmern an entsprechender Stelle ergänzt werden sollen. Die Geschichte ist so aufgebaut, dass Sie als Vorleser immer den ersten Teil des Reimes lesen und beim zweiten Teil so lange pausieren, bis Ihre Teilnehmer das passende Reimwort genannt haben. Das zu ergänzende Reimwort ist für Sie als Vorleser zur schnelleren Erkennbarkeit farbig hervorgehoben.

Lesen Sie die Geschichte erneut langsam vor und stellen Sie Ihren Teilnehmern vorab – je nach Leistungsfähigkeit – eine oder mehrere der folgenden Aufgaben:

- Merken Sie sich, welches Datum das Kalenderblatt zeigt. *(4. Mai)*
- Merken Sie sich, wer ein Muttertagsgeschenk besorgen soll. *(Ursula)*
- Merken Sie sich, welchen Reim Ursula als Erstes schreibt. *(Meine liebe, gute Mutter, ich hab dich gern wie Milch und Butter)*
- Merken Sie sich, welche Reimwörter Ursula noch auf „Mutter" findet. *(Kutter, Futter)*
- Merken Sie sich, wie viele Reimversuche Ursula benötigt, bis sie das endgültige Muttertagsgedicht schreibt. *(vier)*
- Merken Sie sich, welche Schriftsteller in der Geschichte genannt werden. *(Goethe und Schiller)*
- Merken Sie sich, wie die Bäckerei heißt und was Ursula dort bestellen möchte. *(Bäckerei Kornschmidt, Nuss-Sahne-Torte)*

© sp4764 – Fotolia.com

Das Muttertagsgedicht

„Irgendwie kommen Festtage immer so unerwartet", murmelt Ursula. Das Kalenderblatt zeigt den 4. Mai. Bald ist Muttertag. Wie jedes Jahr ist Ursula reichlich spät dran und weiß mal wieder nicht, was sie für ihre Mutter besorgen soll.
„Was soll man auch jemandem schenken, der alles hat?", brummt Ursula. Sie erinnert sich, dass sich ihre Mutter früher immer so sehr über ihr vorgetragenes Muttertagsgedicht gefreut hat. Da hat sie plötzlich eine Idee! Wer sagt denn, dass nur Kinder Muttertagsgedichte aufsagen können?
„Ich werde dieses Jahr selbst dichten", beschließt Ursula. Sie holt Block und Stift und macht sich ans Werk.

Ursula überlegt. Dann beginnt sie mit dem ersten Reim:
Meine liebe, gute Mutter,
ich hab dich gern wie Milch und ***Butter****.*
„So ein Quatsch", schimpft Ursula. Sie reißt das Blatt aus dem Block und zerknüllt es. Dann beginnt sie von vorn:
Jahrelang hast du für mich gesorgt.
Hast mir sogar Geld ***geborgt****.*
„Nein, nein, nein! Das geht so nicht", jammert Ursula. Sie streicht mit wilden Strichen die Wörter auf dem Papier durch. Das Reimen hat sie sich leichter vorgestellt.

Ursula kaut auf ihrem Stift herum. Sie überlegt und überlegt. Was reimt sich noch auf Mutter? **Kutter**, **Futter**. Nein, daraus lassen sich keine vernünftigen Verse machen. Genervt kritzelt Ursula auf ihren Block:
Heut kriegst du kein Gedicht,
denn reimen kann ich ***nicht****.*

„Auch keine Lösung“, stöhnt Ursula. Dichten kann doch nicht so schwer sein! Wo hatten Goethe und Schiller nur ihre Ideen für die Reime her? „Noch ein Versuch“, beschließt Ursula und setzt erneut ihren Stift auf das Papier.
Muttilein, komm freue dich,
*denn zum Glück hast du ja **mich**!*

Ursula grinst. Naja, das würde ihre Mutter vielleicht nicht so witzig finden. „Jetzt reicht's!“, meint Ursula. Sie legt ihren Stift weg und streckt sich. Wenn sie für ihre Mutter kein Gedicht zustande bringt, dann muss sie sich doch ein anderes Geschenk zum Muttertag überlegen. „Nuss-Sahne-Torte“, ruft Ursula begeistert. Leider kann sie genauso wenig gut backen wie dichten. Aber die „Bäckerei Kornschmidt“ an der Ecke hat die beste Nuss-Sahne-Torte in der ganzen Stadt. Dort wird Ursula einfach zwei Tortenstücke holen. Plötzlich durchfährt es Ursula wie der Blitz: Schnell zieht sie ihren Block wieder zu sich heran und greift nach dem Stift. Die Worte fließen nur so aus ihr heraus und in weniger als einer Minute hat Ursula es vollbracht. Stolz legt sie den Stift beiseite. „Das ist gut!“, ruft Ursula und klopft sich in Gedanken auf die Schulter.

Dann setzt sie sich aufrecht hin, streicht über das Blockblatt und beginnt, laut zu lesen:
Ich schenk dir heute nette Worte
*und lad dich ein auf ein Stück **Torte**.*
Mein Herz, das hast du sowieso.
*Dass ich dich hab, da bin ich **froh**.*

Ursula ist sich nicht sicher, ob sich ihre Mutter mehr über das Tortenstück oder über das Gedicht freuen wird. Aber beides zusammen ist das beste Muttertagsgeschenk, das sie je für ihre Mutter hatte.

Gedächtnisübungen

1. Muttertagsgeschenke

Die Teilnehmer überlegen, mit welchen Geschenken man der Mutter zum Muttertag eine Freude machen kann.

Beispiele: Gutschein für einen gemeinsamen Café- oder Museumsbesuch, Parfüm, Schokolade, ein selbst gemachtes Familien-Fotoalbum …

2. Blumen zum Muttertag

Zum Muttertag werden gern Blumen verschenkt. Die Teilnehmer stellen sich vor, dass ein neu eröffnetes Blumengeschäft außergewöhnliche Züchtungen anbietet. Die Namensschilder der dazugehörigen Blumen sind nur abgekürzt. Die Teilnehmer sollen herausfinden, um welche Züchtungen es sich dabei handelt. Schreiben Sie dazu die nachfolgenden Begriffe an ein Flipchart oder eine Tafel.

Beispiele:	**Mögliche Lösungen:**
a. IRMA	**Ir**is und **Ma**rgerite
b. KARO	**Ka**melie und **Ro**se
c. TUJA	**Tu**lpe und **Ja**smin
d. NARLI	**Nar**zisse und **Li**lie

Tipp: Lassen Sie die Teilnehmer eigene Neuschöpfungen bilden. Jeder liest reihum seine „Blume“ vor und die anderen Teilnehmer raten, welche Blumen miteinander kombiniert wurden.

3. Fantasieübung – „Dichten Sie!“

Die Teilnehmer schreiben ein Muttertagsgedicht und lesen dieses reihum der Gruppe vor. Das Vorlesen sollte allerdings auf freiwilliger Basis sein.

Gartenarbeit mit viel Lebensweisheit

Die folgende **Knobelgeschichte (Sprichwortgeschichte)** zum Thema „Gartenarbeit" beinhaltet unterschiedliche Sprichwörter und Redewendungen. Die Geschichte ist so aufgebaut, dass Sie als Vorleser immer den Anfang eines Sprichwortes bzw. einer Redewendung lesen und so lange pausieren, bis Ihre Teilnehmer das Ende genannt haben. Das Ende ist für Sie als Vorleser zur schnelleren Erkennbarkeit farbig hervorgehoben.

Lesen Sie die Geschichte erneut langsam vor und stellen Sie Ihren Teilnehmern vorab – je nach Leistungsfähigkeit – eine oder mehrere der folgenden Aufgaben:

- Merken Sie sich, wer Sprichwörter liebt. *(August)*
- Merken Sie sich, warum August Löcher im Garten aushebt. *(um Sträucher zu pflanzen)*
- Merken Sie sich, wieso August in eines der Löcher stolpert. *(er bleibt mit seinem Gummistiefel am Spaten hängen)*
- Merken Sie sich, welche Personen in der Geschichte vorkommen. *(August, Hilde, Jens)*
- Merken Sie sich, welche Gartengeräte an der Wand des Schuppens lehnen. *(Harke, Schaufel, Axt, Spaten)*
- Merken Sie sich, welche Sprichwörter in der Geschichte vorkommen. *(gut Ding will Weile haben; man soll den Tag nicht vor dem Abend loben; da beißt die Maus keinen Faden ab; aller Anfang ist schwer; aller guten Dinge sind drei; zum alten Eisen gehören; mit Geduld und Spucke fängt man eine Mucke; das Wasser läuft einem im Mund zusammen; erst die Arbeit, dann das Vergnügen; wie die Faust aufs Auge passen)*

© Africa Studio – Fotolia.com

Gartenarbeit mit viel Lebensweisheit

Wenn August eines liebt, dann sind es Sprichwörter. Von denen kennt er unzählige und die spielen in der folgenden Geschichte eine ganz besondere Rolle. Aber lassen Sie sich die Geschichte in aller Ruhe und der Reihe nach erzählen. Denn gut Ding will **Weile haben**.

Als August an diesem Morgen aus dem Fenster sieht, wird er von strahlendem Sonnenschein geblendet.
„Was für ein herrlicher Tag!", ruft seine Frau Hilde hinter ihm. Doch August ist nicht so leicht zu begeistern.
„Man soll den Tag nicht vor dem **Abend loben**", murmelt er deshalb. August hat heute viel vor. Im Garten müssen dringend Löcher für neue Sträucher ausgehoben werden. Er schlüpft in seine Gummistiefel und trottet nach draußen zum Schuppen. Harke, Schaufel, Axt – allerlei Gartengeräte lehnen dort an der Wand. August entscheidet sich für den stabilen Spaten. Damit geht er an den Rand des Gartens. Wenn er ehrlich ist, hat er gar keine Lust auf die schwere Arbeit.
„Aber es muss eben gemacht werden. Da beißt die Maus keinen **Faden ab**", brummt August und setzt den Spaten an. Die Erde ist hart wie Beton. August tritt mit seinem rechten Fuß kräftig auf die Spatenschaufel.
„Aller Anfang ist **schwer**", presst er dabei aus zusammengebissenen Zähnen hervor.

„Hallo, Papa. Na, klappt es?", ruft eine Stimme hinter ihm. Sein Sohn Jens kommt in den Garten spaziert. Doch August lässt sich nicht aus dem Konzept bringen. Er tritt ein zweites und ein drittes Mal mit Kraft oben auf den Spaten.
„Aller guten Dinge sind **drei**", keucht er dabei. Jens lacht. Er kennt die Marotten seines Vaters. Auch wenn er die nur noch mitbekommt, wenn er seine Eltern zum Kaffeetrinken besucht.

„Gib mal her", meint er und nimmt seinem Vater den Spaten aus der Hand. Und tatsächlich! In Nullkommanichts ist das erste Loch geschaufelt. „Jetzt mache ich wieder weiter", bestimmt August. „Ich gehöre schließlich noch lange nicht zum alten **Eisen**." Grinsend gibt Jens ihm den Spaten zurück.
„Ich geh mal zu Mama und helfe ihr beim Tischdecken", sagt Jens und geht.
August setzt erneut den Spaten an. Jetzt, wo die Erde schon etwas gelockert ist, kostet das nächste Loch weniger Kraft. Trotzdem muss er sich mit dem Handrücken den Schweiß von der Stirn wischen.
„Mit Geduld und Spucke fängt man eine **Mucke**", sagt er, bevor er weitergräbt. Dabei muss er plötzlich an ein saftiges Stück Apfelkuchen denken. Ihm läuft das Wasser im **Mund zusammen**.
„Erst die Arbeit, dann das **Vergnügen**", murmelt August beim nächsten Spatenstich.

Eine halbe Stunde später sind die Löcher für die Sträucher ausgegraben. Zufrieden stützt August sich mit dem Ellbogen auf den Spatenstil. Da hört er, wie seine Frau ruft: „Kaffee ist fertig!"
„Das passt ja wie die Faust aufs **Auge**!", freut sich August und dreht sich um. Doch dann passiert es: Mit seinem Gummistiefel bleibt er am Spaten hängen. August strauchelt, dann kann er das Gleichgewicht nicht mehr halten und stolpert direkt in eines der ausgehobenen Löcher. Rasch rappelt sich August wieder hoch. Er klopft sich die Erde von der Hose und hebt dann den Kopf. Auf der Terrasse stehen Hilde und Jens mit einem breiten Grinsen im Gesicht.

Gedächtnisübungen

1. Sprichwörter/Redewendungen gesucht

Die Teilnehmer nennen reihum Redewendungen. Dabei kann auch über die Bedeutung der genannten Wendungen nachgedacht werden.

2. Verdrehte Sprichwörter und Redewendungen

Bekannte Sprichwörter und Redewendungen enthalten ein oder zwei falsche Wörter. Die Teilnehmer sollen den richtigen Wortlaut nennen.

Beispiel: auf großem Gut leben

Lösung: *auf großem Fuß leben*

a. keine Hose ohne Bund *(keine Rose ohne Dornen)*

b. den Hund aus dem Zwinger lassen *(die Katze aus dem Sack lassen)*

c. viele Händler verderben den Preis *(viele Köche verderben den Brei)*

d. ein Haus mit sieben Riegeln *(ein Buch mit sieben Siegeln)*

3. Ein Satz – zwei Sprichwörter

In einem Satz sind zwei Sprichwörter falsch miteinander kombiniert. Die Teilnehmer sollen herausfinden, um welche Sprichwörter es sich handelt.

Beispiel: Eine Schwalbe hat zwei Seiten.

Lösung: *Eine Schwalbe macht noch keinen Sommer.*
Alles hat zwei Seiten.

a. Erst die Arbeit macht Diebe. *(erst die Arbeit, dann das Vergnügen; Gelegenheit macht Diebe)*

b. Der Klügere baut vor. *(der Klügere gibt nach; der kluge Mann baut vor)*

Das Tier mit dem langen Schlauch

Die folgende **Knobelgeschichte (Rätselgeschichte)** beinhaltet unterschiedliche Zootiere, die in Rätseln versteckt sind. Die Geschichte ist so aufgebaut, dass Sie als Vorleser die Geschichte immer bis zum farbig gekennzeichneten Tier vorlesen und so lange pausieren, bis Ihre Teilnehmer das gesuchte Tier nennen.

Lesen Sie die Geschichte erneut langsam vor und stellen Sie Ihren Teilnehmern vorab – je nach Leistungsfähigkeit – eine oder mehrere der folgenden Aufgaben:

- Merken Sie sich, wer im Zoo war. *(Opa Wolfram mit seiner Enkeltochter Klara)*
- Merken Sie sich, was Oma Heidemarie gekocht hat. *(Milchreis mit Apfelmus)*
- Merken Sie sich, welches Tier Klara ihrer Oma zuerst umschreibt. *(Elefant)*
- Merken Sie sich, welche Umschreibung Klara bei dem Elefanten verwendet. *(„Ich habe etwas gesehen, das hatte einen langen Schlauch im Gesicht.")*
- Merken Sie sich die Tiere, die Klara ihrer Oma Heidemarie umschreibt. *(Elefant, Eisbär, Zebra, Pinguine)*
- Merken Sie sich alle Tiere, die in der Geschichte genannt werden. *(Elefant, Löwe, Eisbären, Zebra, Pinguine, Nilpferd, Schildkröte)*

© frenta – Fotolia.com

Das Tier mit dem langen Schlauch

„Oma, Oma, es war so schön!", ruft die kleine Klara und hüpft begeistert von einem Fuß auf den anderen. Sie ist zu Besuch bei ihren Großeltern Heidemarie und Wolfram. Während Opa Wolfram mit seiner Enkeltochter im Zoo war, hat Heidemarie gekocht. Jetzt sitzen sie alle gemeinsam am Esstisch. Es gibt Milchreis mit Apfelmus.
„Lecker!", findet Klara. Heidemarie lächelt. Natürlich schmeckt es der Kleinen. Immerhin ist Milchreis das Lieblingsessen ihrer Enkeltochter.
„Aber jetzt erzähl doch mal: Welche Tiere hast du im Zoo gesehen?", fragt Heidemarie.

„Pass auf, Oma. Du musst raten", grinst Klara. Heidemarie schaut ihre Enkeltochter aufmerksam an.
„Ich habe etwas gesehen, das hatte einen langen Schlauch im Gesicht."
Heidemarie grinst. Dann sagt sie: „Das war bestimmt ein **Elefant**."
„Richtig!", ruft Klara und klatscht in die Hände.
„Dann habe ich noch etwas gesehen, das war weich wie ein Teppich."
Jetzt wird es schon schwieriger. Heidemarie überlegt.
„War das vielleicht ein Löwe?", fragt sie nach.
Klara kichert. „Nein, Oma. Der Teppich war weiß."
Heidemarie hat keine Idee. Da hilft ihr Klara noch weiter auf die Sprünge: „Und eigentlich liegt das Tier, das weich wie ein Teppich und weiß ist, am liebsten dort, wo es kalt ist."
Aha. Jetzt weiß Heidemarie Bescheid: „Ihr wart bei den **Eisbären**."
„Genau!", freut sich Klara.

„Was hast du noch gesehen?", will Heidemarie wissen. Sie ist gespannt, welches Rätsel ihre Enkeltochter sich als nächstes ausdenkt. Klara streckt einen Finger in die Luft.

„Ich habe noch etwas gesehen, das ich sonst nur auf der Straße finde“, sagt sie. Nun ist Heidemarie wirklich ratlos. Was Klara wohl meint?
„Ich gebe dir noch einen Tipp. Wenn ich das auf der Straße sehe, dann darf ich als Fußgängerin an dieser Stelle die Straße überqueren.“
Natürlich! Heidemarie lacht. „Ach so. Wegen der Streifen. Du meinst ein **Zebra**.“
„Richtig Oma! Du kennst dich wirklich sehr gut mit Zootieren aus! Dann habe ich noch Tiere gesehen, die schon morgens, wenn sie aufstehen, einen schwarz-weißen Anzug anhaben“, erklärt Klara.
„Ich bin mir sicher, so schick sehen am frühen Morgen nur **Pinguine** aus“, antwortet Heidemarie prompt. Klara ist mit ihrer Oma sehr zufrieden. Aber jetzt will Klara es doch ein bisschen schwieriger machen.

„Weißt du, was ich noch gesehen habe, Oma?“, fragt sie. Heidemarie schüttelt den Kopf.
„Etwas mit ohne Haare“, meint Klara und hat sichtlich Mühe, dabei ernst zu bleiben.
„Ein Nilpferd vielleicht?“, rät Heidemarie.
Klara prustet los. „Nein, nicht so dick“, sagt sie gackernd.
„Eine Schildkröte“, tippt Heidemarie dann.
„Nicht so langsam“, kichert Klara.
„Welches Tier meinst du denn? Ich habe keine Ahnung“, sagt Heidemarie.
„Ich meine gar kein Tier. Schau mal, was ich im Zoo noch gesehen habe … mit ohne Haare.“ Klara hebt ihre Hand und zeigt auf Wolfram.
„Opa natürlich!“, löst sie das Rätsel auf. Da müssen Heidemarie und Klara lachen. Nur Wolfram brummt: „Na hör mal. Ganz so mit ohne Haare ist mein Kopf auch wieder nicht.“ Dabei streicht er sich über seine Beinahe-Glatze und gibt seiner Enkeltochter einen liebevollen Kuss auf die Stirn.

Gedächtnisübungen

1. Bekannte Filmtiere gesucht

Die Teilnehmer sollen nach bekannten Filmtieren aus Fernsehserien, Spielfilmen oder Zeichentrickserien suchen.

Beispiele: Flipper, Lassie, der weiße Hai, Moby Dick, Paulchen Panther, Schweinchen Babe, Fury ...

2. Tier-Wortkette

Die Teilnehmer bilden reihum eine Wortkette mit Tieren. Dazu wird immer der letzte Buchstabe einer vorher genannten Tierart für den Anfangsbuchstaben einer neuen Tierart benutzt.

Beispiele: Hun**d** – **D**ach**s** – **S**chwei**n** – **N**ashor**n** – **N**atte**r** – **R**e**h** – **H**ase ...

3. Sprichwörter mit Tieren

Stellen Sie Ihren Teilnehmern nachfolgende Fragen zu Sprichwörtern mit Tieren. Aufgabe der Teilnehmer ist es, das richtige Sprichwort zu nennen.

Beispiele:

a. Wer lässt das Mausen nicht? *(Die Katze lässt das Mausen nicht.)*

b. Wem schaut man nicht ins Maul? *(Einem geschenkten Gaul sieht man nicht ins Maul.)*

c. Wer geht aufs Eis? *(Wenn es dem Esel zu wohl wird, geht er aufs Eis.)*

d. Wer tanzt auf dem Tisch? *(Wenn die Katze aus dem Haus ist, tanzen die Mäuse auf dem Tisch.)*

Wer ist Kegelkönig?

Die folgende **Knobelgeschichte (Zahlengeschichte)** beinhaltet unterschiedliche Punktzahlen, die beim Kegeln geworfen werden. Die Geschichte ist so aufgebaut, dass Sie als Vorleser am Ende der Geschichte die erspielten Punkte vorlesen und so lange pausieren, bis Ihre Teilnehmer die Gesamtsumme der einzelnen Spieler ermittelt haben. Die zu lösenden Ergebnisse sind für Sie als Vorleser zur schnelleren Erkennbarkeit farbig hervorgehoben.

Lesen Sie die Geschichte erneut langsam vor und stellen Sie Ihren Teilnehmern vorab – je nach Leistungsfähigkeit – eine oder mehrere der folgenden Aufgaben:

- Merken Sie sich, welchen Wert jeder umgefallene Kegel hat. *(einen Punkt)*
- Merken Sie sich, wie viel Punkte es für „alle neune“ und einen „Kranz“ gibt. *(jeweils zwölf)*
- Merken Sie sich, wer am Ende des Spiels die meisten Punkte hat. *(Irmgard und Waldtraud)*
- Merken Sie sich, wie viele Punkte die beiden Männer zusammen haben. *(Harry = 17 Punkte, Manfred = 12 Punkte, zusammen haben sie 29 Punkte)*
- Merken Sie sich, wer zum Kegeln geht. *(Manfred, Waldtraud, Irmgard und Harry)*

© 3desc – Fotolia.com

Wer ist Kegelkönig?

Beim Kegeln ist nicht nur Geschick, sondern auch Kopfrechnen gefragt. Genau das machen Manfred, Waldtraud, Irmgard und Harry heute.
„Jeder umgefallene Kegel ist einen Punkt wert", erklärt Manfred allen. „Trifft man alle neune, gibt es zwölf Punkte. Genauso viel gibt es für einen Kranz."
„Was ist das denn?", will seine Frau Waldtraud wissen.
„Na, wenn du alle umschmeißt und nur der Kegel in der Mitte stehen bleibt", lacht Harry.
„Und wenn ich gar nichts treffe?", fragt Irmgard vorsichtshalber nach. Sie hat noch nie gekegelt und ist ziemlich aufgeregt.
„Dann hast du einen Pudel geworfen. Das gibt keine Punkte. Aber wer die meisten Pudel im Spiel hat, muss allen anderen eine Runde ausgeben", erklärt Manfred.
Harry reibt sich die Hände. „Los, fangen wir an. Wer nach drei Runden die meisten Punkte hat, hat gewonnen."
Harrys Frau Irmgard beginnt. Sie nimmt sich eine Kugel.
„Ist die aber schwer!", staunt sie.
„Fast drei Kilo", belehrt sie Manfred und zeigt ihr kurz, wie sie die Kugel schieben muss.

Irmgard nimmt Anlauf, macht einen Ausfallschritt und setzt die Kugel vor sich mit Schwung auf die Bahn. Es klackert, als die ersten Kegel fallen.
„Alle neune! Das gibt es doch nicht", staunt Waldtraud.
„Anfängerglück", brummt Manfred. Er ist als Nächster an der Reihe. Mit seiner Kugel schiebt er vier Kegel weg. Waldtraud schafft drei und Harry nur zwei. In der nächsten Runde macht Irmgard fünf, Waldtraud wieder drei und Harry sieben.
„Nun schaut mal zu, damit ihr etwas lernt", posaunt Manfred.

Mit einem schwungvollen Schub befördert er die Kugel direkt in die linke Auffangrinne.
„Pudel!", ruft Irmgard. Das hat sie sich nämlich sofort gemerkt. Verlegen scharrt Manfred mit den Füßen auf den Boden herum. Sein Freund Harry klopft ihm lachend auf die Schulter.
„Letzte Runde", ruft er und holt sich erneut eine Kugel. Er neigt den Kopf und küsst die Kugel. „Diesmal klappt´s", murmelt er und stellt sich in Position. Er schiebt die Kugel konzentriert auf die Bahn. Zack! Harry schafft tatsächlich acht Kegel. Manfred zieht nach. Auch er trifft acht Kegel. Irmgard wirft nur einen einzigen Kegel um. Als Letzte ist Waldtraud an der Reihe. Ihre Kugel trifft erst drei Kegel auf der rechten Seite der Raute. Dann fallen nach und nach alle äußeren Kegel um.
„Ein Kranz", jubelt Waldtraud. Irmgard zwinkert ihrer Freundin zu.

„Und wer hat nun gewonnen?", will Harry wissen.
„So ein Unglück, wir haben ganz vergessen, die Ergebnisse aufzuschreiben. Lasst uns gemeinsam überlegen", fordert Manfred alle auf.
Harry beginnt: „Ich hatte zwei, sieben und acht. Macht also **17**."
Manfred zuckt zerknirscht mit den Schultern. Er weiß ohnehin, dass er nicht so viele Punkte erreicht hat. „Ich hatte vier, null und acht. Das sind **12**."
Irmgard überlegt. „Bei mir waren es zwölf, fünf und einer. Also genau **18**."
Dann fehlt noch das Ergebnis von Waldtraud: „Drei, drei und zwölf. Das sind ja auch **18**", ruft sie erfreut.
„Sieht so aus, als hätten wir Frauen euch Männern gezeigt, wie Kegeln geht", lacht Irmgard begeistert.
„Genau. Und jetzt her mit der Runde. Ich nehme ein Bier. Pudel Manfred zahlt", stimmt Waldtraud mit ein.

Gedächtnisübungen

1. Sportarten gesucht

Die Teilnehmer sollen nach Sportarten oder Freizeitbeschäftigungen suchen, die mit einem Ball oder einer Kugel gespielt werden.

Beispiele: Billard, Polo, Golf, Tischtennis, Roulette, Bowling, Fußball …

2. Kegelrechnen

Ordnen Sie verschiedenen Kegelbegriffen eine bestimmte Punktzahl zu. Die Begriffe mit den dazugehörigen Punkten können Sie an ein Flipchart oder eine Tafel schreiben. Stellen Sie anschließend verschiedene Rechenaufgaben mit den Kegelbegriffen. Die Teilnehmer errechnen das Ergebnis.

Beispiele: Kegel = 3 Punkte, Kranz = 8 Punkte, Pudel = 2 Punkte, Bauer = 5 Punkte, alle neune = 10 Punkte, Abräumen = 6 Punkte

Mögliche Rechenaufgaben:

a. Pudel x Bauer = 10
b. Alle neune - Kegel + Abräumen = 13
c. Kranz + Bauer + Pudel - Kegel = 12
d. Abräumen + Alle neune - Bauer + Kranz - Pudel = 17

3. Fantasieübung – Lustige Sportarten

Lassen Sie die Teilnehmer lustige Sportarten erfinden.

Beispiele: Stelzenweitsprung, Federball-Pingpong, Inliner-Seilspringen, 100-Meter-Sackhüpfen, Kirschkern-Weitspucken, Bierdeckel-Weitwurf …

Den ganzen Tag gut gereimt

Die folgende **Knobelgeschichte (Reimwortgeschichte)** beinhaltet unterschiedliche Reimwörter, die zu ergänzen sind. Die Geschichte ist so aufgebaut, dass Sie als Vorleser immer das erste Reimwort vorlesen und so lange pausieren, bis Ihre Teilnehmer das sich darauf reimende Wort genannt haben. Das zu ergänzende Reimwort ist für Sie als Vorleser zur schnelleren Erkennbarkeit farbig hervorgehoben.

Lesen Sie die Geschichte erneut langsam vor und stellen Sie Ihren Teilnehmern vorab – je nach Leistungsfähigkeit – eine oder mehrere der folgenden Aufgaben:

- Merken Sie sich, wie die Personen in der Geschichte heißen. *(Annegret und Erwin)*
- Merken Sie sich, was sich Erwin für den Rest des Tages vornimmt. *(er möchte nur in Reimen sprechen)*
- Merken Sie sich, was der Verlierer der Reimwette machen muss. *(das Abendessen kochen)*
- Merken Sie sich, bei welchem Reimwort von Annegret sich Erwin geschlagen gibt. *(bei dem Wort „Gefühl")*
- Merken Sie sich, wie viele Reime Erwin bildet, ehe er sich geschlagen gibt. *(sieben)*

© burnhead – Fotolia.com

Den ganzen Tag gut gereimt

„Ach, wie schön", sagt Annegret und legt das Büchlein mit den Gedichten auf den Wohnzimmertisch. Erwin sitzt grinsend neben seiner Frau auf dem Sofa. „Du und deine Gedichte. Was du nur an dieser Reimerei findest."
Annegret schiebt ihre Lesebrille auf die Stirn und wirft ihrem Mann einen langen Blick zu. „Du Banause! Das sagst du doch nur, weil du kein bisschen reimen kannst."
Erwin richtet sich auf. „Natürlich kann ich reimen!", behauptet er. „Ich schaffe es sogar, den gesamten restlichen Tag nur in Reimen zu sprechen. Ich beweise es dir. Das fällt ganz einfach **mir**."

Annegret schnaubt geräuschvoll. „Na gut, die Wette nehme ich an."
„Und was gewinne ich **dann**?", fragt Erwin und verschränkt die Arme vor der Brust. Annegret hat sofort einen Vorschlag:
„Wer verliert, kocht heute das Abendessen."
„Kein Problem, und den Nachtisch nicht **vergessen**", reimt Erwin.
Annegret steht auf und streckt sich. Dann verlässt sie das Wohnzimmer und geht ins Schlafzimmer. Erwin folgt ihr. Er will schließlich keine Gelegenheit verpassen, Annegret sein Reimtalent unter Beweis zu stellen.

Annegret greift nach einem Kopfkissen. „Ich mach jetzt erst einmal die Betten." Dabei schaut sie ihren Mann herausfordernd an.
„Das kann ich auch, was wollen wir **wetten**?", meint Erwin und nimmt das andere Kissen.
„Ah, so bekomme ich dich also zur Hausarbeit", lacht Annegret.
„Natürlich, ich bin zu allem **bereit**", meint Erwin und legt das aufgeschüttelte Kissen aufs Bett zurück.

Annegret geht zum Fenster und öffnet es. „So ein herrlicher Sommertag“, murmelt sie.
„Genauso wie ich es gern **mag**“, pariert Erwin.

Kurz darauf steht Annegret im Flur vor dem Spiegel. Sie schaut prüfend hinein und zupft an ihren langen Haaren herum. „Ich muss dringend mal wieder die Haare schneiden lassen.“
„Ein Kurzhaarschnitt würde gut zu dir **passen**“, antwortet Erwin.
„Wirklich?“, fragt Annegret verblüfft. Da fällt ihr ein, dass Erwin das sicherlich nur wegen des Reims gesagt hat. Sie spielt mit und ergänzt: „Nein, dabei hab ich kein gutes Gefühl.“
Jetzt gerät Erwin ins Schwitzen. Was reimt sich auf Gefühl? Gewühl? Aber dazu fällt ihm kein geeigneter Satz ein. Verflixt! Das darf doch wohl nicht wahr sein. Annegret sieht ihren Mann schmunzelnd an. Sie hat die Arme in die Seiten gestemmt.
„Na?“, fragt sie und ihre Mundwinkel zucken dabei.

Erwin kratzt sich am Kopf. Das ist ja wie verhext. Es will und will ihm kein passender Reim auf Gefühl einfallen.
Erwin murmelt kaum verständlich: „In Ordnung. Ich gebe mich geschlagen.“
„Verlieren kannst du schlecht **vertragen**“, antwortet Annegret ihm wie aus der Pistole geschossen.
Dann legt sie ihrem Mann einen Arm um die Schultern und lächelt ihn an. Erwin brummt: „Ja, ja. Mach dich nur lustig über mich. Die sind wie leer, meine Gehirnzellen.“
„Dann kochst du mir jetzt **Frikadellen**“, flötet Annegret.
„Schluss mit der Reimerei“, ruft Erwin. Dann fangen beide an, zu lachen.

Gedächtnisübungen

1. Reimwörter bilden

Reihum geben sich die Teilnehmer ein Wort vor. Der nächste bildet auf das vorgegebene Wort ein Reimwort.

Beispiel: Sie geben dem ersten Teilnehmer das Wort „Maus" vor, dieser antwortet z. B. mit „Haus". Dann nennt dieser Teilnehmer seinem Nachbarn ein neues Wort, z. B. „Bild" und der darauffolgende Teilnehmer antwortet „Schild" usw.

2. Wortveränderung

Schreiben Sie z. B. das Wort „Hund" an ein Flipchart oder eine Tafel. Aufgabe der Teilnehmer ist es, durch das Verändern eines Buchstabens an beliebiger Stelle immer ein neues Wort zu bilden. Das Spiel ist dann zu Ende, wenn kein Buchstabe mehr ausgetauscht werden kann.

Beispiel: Hund – Hand – **W**and – Wi**n**d – Wi**l**d – Wa**l**d – Wa**ll** – **B**all …

3. Bitte reimen Sie!

Die Teilnehmer suchen sich aus den angeschriebenen Wörtern von Aufgabe 2 „Wortveränderung" vier Wörter aus, aus denen sie einen Vierzeiler schreiben, der sich reimt.

Beispiel:

Auf einem großen Wall
lag ein dicker Ball.
Den nahm August in seine Hand
und warf ihn an eine Wand.

Das Wandern macht dem Müller Durst

Die folgende **Knobelgeschichte (Liedergeschichte)** beinhaltet unterschiedliche Lieder, deren Texte falsch gesungen werden. Die Geschichte ist so aufgebaut, dass Sie als Vorleser immer den Anfang eines Liedes vorlesen und so lange pausieren, bis Ihre Teilnehmer die richtige Liedzeile ergänzt haben. Die zu nennenden Ergänzungen sind für Sie als Vorleser zur schnelleren Erkennbarkeit farbig hervorgehoben.

Lesen Sie die Geschichte erneut langsam vor und stellen Sie Ihren Teilnehmern vorab – je nach Leistungsfähigkeit – eine oder mehrere der folgenden Aufgaben:

- Merken Sie sich, wer gemeinsam zum Wandern geht. *(Dietrich und Bernhard)*
- Merken Sie sich, wo die beiden das Auto stehen lassen. *(am Waldparkplatz)*
- Merken Sie sich, welches Wanderlied Bernhard als erstes pfeift. *(„Das Wandern ist des Müllers Lust")*
- Merken Sie sich, wo der Weg die beiden Wanderer entlangführt. *(an einem Bach entlang, wenig später zwischen Kornfeldern und Wiesen)*
- Merken Sie sich, welche Lieder in der Geschichte vorkommen. *(„Das Wandern ist des Müllers Lust", „Wem Gott will rechte Gunst erweisen", „Es klappert die Mühle am rauschenden Bach", „Im Märzen der Bauer")*

© Max Diesel – Fotolia.com

Das Wandern macht dem Müller Durst

Heute gehen Dietrich und Bernhard gemeinsam wandern. Dazu haben sich die beiden Freunde schon vor Wochen verabredet. Gut, dass heute die Sonne scheint. Für März ist es schon angenehm warm. Genau das richtige Wanderwetter also. Am Waldparkplatz lassen sie das Auto stehen. Dietrich schnürt noch schnell seine Wanderstiefel, dann kann es losgehen. Kaum sind die beiden die ersten 100 Meter gegangen, beginnt Bernhard, ein Liedchen zu pfeifen.
„Genau, zum richtigen Wandern gehören auch Wanderlieder", findet Dietrich. Er hört genau hin, was Bernhard da pfeift. Dann beginnt er, zu singen.

„Das Wandern macht dem Müller Durst, das Wandern macht dem Müller Durst, das Wa-han-dern!", singt Dietrich aus Leibeskräften. Bernhard bleibt abrupt stehen und sieht seinen Freund erstaunt an.
„Was singst du denn da?", will er wissen.
„Na, ein Wanderlied", meint Dietrich. „Das Wandern macht dem Müller Durst ...", stimmt er wieder an.
Bernhard schüttelt den Kopf. „Halt, nein, du singst ja einen völlig falschen Text." Bernhard räuspert sich. Dann singt er seinem Freund das Lied richtig vor: „Das Wandern **ist des Müllers Lust**."

Die beiden Freunde gehen weiter. Es geht bergauf. Da brauchen beide ganz viel Luft. Doch als der Aufstieg geschafft ist, stimmt Dietrich ein neues Lied an: „Wem Gott will rechte Lust beweisen, den schickt er los mit ganz viel Geld."
Bernhard tippt sich an die Stirn. „Sag mal, kannst du denn kein einziges Lied richtig singen?"

Selbstverständlich kennt Bernhard den richtigen Text. Er beginnt, zu singen: „Wem Gott will **rechte Gunst erweisen, den schickt er in die weite Welt**."

Der Weg der Wanderer führt an einem Bach entlang. Dietrich schirmt mit einer Hand seine Augen vor der Sonne ab. In der Ferne kann er eine alte Mühle erkennen. Dazu fällt ihm auch gleich das passende Lied ein. Er trällert begeistert los: „Es rappelt das Mühlrad am rauschenden Fluss, klipp-klapp!" Bernhard schüttelt nur wortlos den Kopf. Dann versucht er, seinen Freund mit dem richtigen Liedtext zu übertönen: „Es klappert **die Mühle am rauschenden Bach, klipp-klapp!**"

Wenig später gehen die beiden zwischen Kornfeldern und Wiesen entlang. Plötzlich hören sie ein leises Geklapper.

„Schau, dort!", ruft Bernhard und zeigt nach rechts. Eine Pferdekutsche fährt über einen Feldweg. Bernhard tippt seinem Freund auf die Schulter. „Da gibt es doch auch ein Lied. Wie ging das noch mal?"

Bernhard runzelt die Stirn. Er überlegt fieberhaft.

„Irgendwas mit Bauern und März. Der Bauer sattelt im März seine Pferde? Oder seine Ponys? Ich komm einfach nicht drauf", sagt Bernhard. Dietrich klatscht in die Hände. „Ich weiß, welches Lied du meinst", sagt er. Bernhard zuckt mit den Schultern. „Bestimmt kennst du nur wieder einen völlig falschen Liedtext", murmelt er. Dietrich lässt sich nicht verunsichern. Er beginnt, zu singen: „Im Märzen der Bauer die **Rösslein einspannt**."

„Stimmt! Und auch noch der richtige Text", ruft Bernhard begeistert. Dann singen die beiden gemeinsam und setzen ihren Wanderweg fort.

Gedächtnisübungen

1. Liederraten

Die Teilnehmer sollen anhand der nachfolgenden Umschreibungen herausfinden, welche Liedtitel gesucht sind.

Beispiele:

a. Edle Blumen aus einer griechischen Stadt *(„Weiße Rosen aus Athen")*
b. Jemand soll nicht so lange wegbleiben *(„Junge, komm bald wieder")*
c. Ein Konditoreiprodukt mit „Beilage" *(„Aber bitte mit Sahne")*
d. Eine Schalenfrucht hat eine bestimmte Farbe *(„Schwarzbraun ist die Haselnuss")*
e. Jemand sitzt beim Schwager vorne *(„Hoch auf dem gelben Wagen")*

2. Liedanfänge gesucht

Geben Sie Ihren Teilnehmern die zweite Liedzeile vor. Aufgabe Ihrer Teilnehmer ist es, den Liedanfang zu nennen.

Beispiele:

a. … da steht ein Lindenbaum *(Am Brunnen vor dem Tore,)*
b. … der reitet durch den grünen Wald *(Ein Jäger aus Kurpfalz,)*
c. … so muss man trinken *(Wenn alle Brünnlein fließen,)*

3. Gehörsinn–Übung

Für diese Übung benötigen Sie eine CD und einen CD-Player. Spielen Sie die ersten Takte eines Liedes der CD an. Die Teilnehmer sollen den Liedtitel erraten.

Ein Fest mit dem gesamten Abc

Die folgende **Knobelgeschichte (Abc-Geschichte)** ist von Ihren Teilnehmern an den farblich gekennzeichneten Stellen im Text in der Reihenfolge des Alphabets zu ergänzen. Dabei dürfen auch die Umlaute (ä – ö – ü), falls erforderlich, verwendet werden. Bei den vorgegebenen Antworten handelt es sich nur um Vorschläge. Andere, passende Lösungswörter sind natürlich ebenfalls richtig.
Je nach Leistungsfähigkeit Ihrer Teilnehmer kann es hilfreich sein, das Abc an ein Flipchart oder eine Tafel zu schreiben und eventuell abzustreichen.

Lesen Sie die Geschichte erneut langsam vor und stellen Sie Ihren Teilnehmern vorab – je nach Leistungsfähigkeit – eine oder mehrere der folgenden Aufgaben:

- Merken Sie sich, wer ein Sommerfest veranstalten will. *(Willi und Jutta Herberich)*
- Merken Sie sich, für wie viele Leute die beiden Platz zum Feiern haben. *(für knapp 30 Personen)*
- Merken Sie sich die Namen der neuen Nachbarn. *(Inge, Karl, Lydia und Michael)*
- Merken Sie sich, wie die Kegelbrüder von Willi heißen. *(Norbert, Otto, Peter und Quirin)*
- Merken Sie sich die Namen von Juttas Frauenrunde. *(Renate, Sonja, Theresa, Ulla und Vera)*

© eyetronic – Fotolia.com

Ein Fest mit dem gesamten Abc

Bei Familie Herberich steigt dieses Jahr ein Sommerfest. Das Haus, das sie gebaut haben, ist nämlich endlich fertig und das muss auf jeden Fall gefeiert werden, findet Willi Herberich. Seine Frau Jutta ist der gleichen Meinung und schon dabei, die Gästeliste zusammenzustellen.

„Wir müssen unbedingt ***A****lbert* und ***B****eate* einladen", sagt sie.
Willi nickt. „***C****harlotte* und ***D****ieter* dürfen auch nicht fehlen", sagt er und deutet Jutta an, die beiden Namen mit aufzuschreiben. „Und ***E****rnst* und ***F****rieda*." Jutta stutzt. Sie ist nicht gerade begeistert davon, dass Willi ausgerechnet die beiden vorschlägt. Ernst ist immer so laut und Frieda redet ohne Punkt und Komma. Aber immerhin ist Ernst Willis Arbeitskollege. Wenn die Herberichs ihn und seine Frau nicht einladen, wird Willi das in der Firma vielleicht zu spüren bekommen. Eine Einladung so unter Kollegen gehört sich schließlich.
„Ich schreibe noch ***G****ünter* und ***H****ildegard* mit dazu", meint Jutta.
Willi verzieht seinen Mund. Ausgerechnet Hildegard!
„Schau nicht so. Hildegard ist immerhin meine Cousine und die wird eingeladen. Basta!", bestimmt Jutta. Willi nickt ergeben.

„Knapp dreißig Leute bringen wir unter. Lies mal vor. Wen haben wir denn schon?"
Jutta geht die Gästeliste durch und liest vor: „***A****lbert*, ***B****eate*, ***C****harlotte*, ***D****ieter*, ***E****rnst*, ***F****rieda*, ***G****ünter* und ***H****ildegard*."
„Schreib noch ***I****nge* und ***K****arl* und ***L****ydia* und ***M****ichael* mit auf", ergänzt Willi. Natürlich! Das sind ihre neuen Nachbarn, die das Häuschen rechts und links von ihrem neuen Heim bewohnen. Die dürfen selbstverständlich nicht fehlen.

„Meine Kegelbrüder **N***orbert*, **O***tto*, **P***eter* und **Q***uirin* will ich auch einladen“, überlegt Willi.

„Aber dann sag ich es auch meiner Kaffeerunde!“, wirft Jutta ein und schreibt die Namen gleich mit auf die Liste. „**R***enate*, **S***onja*, **T***heresa*, **U***lla* und **V***era*.“

„Aber nur, wenn jede von ihnen einen Kuchen zum Sommerfest beisteuert. Wozu seid ihr schließlich ein Kaffeekränzchen?“, lacht Willi.

Jutta ist noch eine Familie eingefallen: „Die Schneiders von gegenüber. Du weißt schon: **X***aver* und **Y***vonne* und den Opa **Z***acharias*.“

Willi nickt. „Lass uns mal durchzählen.“

Jutta trägt alle Namen auf ihrer Liste vor: „**A***lbert*, **B***eate*, **C***harlotte*, **D***ieter*, **E***rnst*, **F***rieda*, **G***ünter* und **H***ildegard*, **I***nge*, **K***arl*, **L***ydia*, **M***ichael*, **N***orbert*, **O***tto*, **P***eter*, **Q***uirin*, **R***enate*, **S***onja*, **T***heresa*, **U***lla*, **V***era*, **X***aver*, **Y***vonne* und **Z***acharias*.“

„Fällt dir etwas auf?“, ruft Willi plötzlich. Jutta schüttelt den Kopf.

„An unserem Sommerfest ist das ganze Abc vertreten“, hilft Willi ihr auf die Sprünge.

Jutta lacht. „Nicht ganz. Zwei Buchstaben fehlen.“

„Quatsch“, lacht Willi. „Kein einziger Buchstabe fehlt.“

Jutta sieht sich die Liste noch einmal genau an.

„Doch, J und W fehlen“, stellt sie fest.

Willi grinst. „Nein, denk mal genau nach.“

Jutta schlägt sich an die Stirn. Genau! Dass ihr das nicht gleich aufgefallen ist. Ein Sommerfest mit dem ganzen Abc also.

Gedächtnisübungen

1. Abc der Familiennamen

Die Teilnehmer suchen Familiennamen nach dem Alphabet. Dabei beginnen sie mit dem Buchstaben „Z" und enden mit „A".

Beispiel: **Z**ech, **Y**ork, **X**anthen, **W**eiler, **V**ogel, **U**lrich, **T**renz …

2. Wer isst und trinkt was?

Jeder Teilnehmer bildet reihum einen Satz, in dem ein männlicher oder weiblicher Vorname, etwas zu essen und zu trinken vorkommt. Dabei werden der Vorname, das Gericht und das Getränk jeweils aus dem Anfangsbuchstaben des eigenen Familiennamens gebildet.

Beispiel: **M**üller = **M**artha isst **M**akkaroni-Auflauf und trinkt einen **M**erlot.

3. Themenwörter gesucht

Schreiben Sie den Begriff „Sommer" senkrecht an ein Flipchart oder an eine Tafel. Somit ist jeweils ein Anfangsbuchstabe vorgegeben, zu dem die Teilnehmer Wörter suchen, die zu einem Sommerfest passen.

Beispiele:

S = Salate, Sangria, Servietten …
O = Obstsalat, Orangensaft, Ouzo …
M = Musik, Merlot, Melonen …
M = Milchshake, Makrelenfilet, Maisfladen …
E = Erdbeerbowle, Eistee, Einladungen …
R = Rostbratwurst, Rumpsteak, Rumtorte …

Wahrnehmungs-geschichten

Durch gedankliches Sehen, Riechen, Tasten, Hören und Schmecken trainieren und schärfen Sie mit diesen Geschichten die **Wahrnehmung.** Denn durch sie nehmen wir nicht nur unsere Umwelt bewusst wahr, sondern stoßen häufig auch Erinnerungen an. Sie werden überrascht sein, wie sich durch regelmäßiges Üben die Wahrnehmung verstärken kann.
Lehnen Sie sich zurück, entspannen Sie sich und begeben sich mit den Geschichten dieses Kapitels auf faszinierende Sinnesreisen.

Der Geruch von Sauerbraten

Bei der folgenden **Wahrnehmungsgeschichte** sollen die Teilnehmer gedanklich riechen, schmecken, hören, fühlen und sehen. Lesen Sie die Geschichte so langsam vor, dass die Teilnehmer genügend Zeit haben, die Sinneswahrnehmungen zu erfassen.

Lesen Sie die Geschichte erneut langsam vor und stellen Sie Ihren Teilnehmern vorab – je nach Leistungsfähigkeit – eine oder mehrere der folgenden Aufgaben:

- Merken Sie sich, wer von der Arbeit mit dem Fahrrad nach Hause fährt. *(Heinrich)*
- Merken Sie sich, wie Heinrichs Frau heißt. *(Rita)*
- Merken Sie sich, was sich Heinrichs Frau umgebunden hat. *(eine karierte Kochschürze)*
- Merken Sie sich, was Heinrich auf den Balkon stellen soll. *(die Schüssel mit den Gemüseabfällen)*
- Merken Sie sich, was Rita in die Blumenkästen gepflanzt hat. *(Beeren)*
- Merken Sie sich, wie die Beeren riechen. *(zitronig, süß und erdig)*
- Merken Sie sich, was die beiden essen, nachdem der Sauerbraten im Ofen verkohlt ist. *(Rotkraut mit Klößen und als Nachtisch die geernteten Erdbeeren)*

© Yingko – Fotolia.com

Der Geruch von Sauerbraten

Heinrich fährt wie jeden Abend mit dem Fahrrad von der Arbeit nach Hause. Im Büro ist die Luft stickig und abgestanden. Darum freut er sich auf dem Heimweg immer schon besonders auf den Duft, der ihn zu Hause erwartet. Denn seine Frau Rita ist eine hervorragende Köchin. Kaum hat Heinrich die Wohnungstür geöffnet, weht ihm ein einladender Geruch um die Nase. Wie jeden Tag versucht Heinrich, zu erraten, was es diesmal zu essen gibt.

„Ich bin da-ha!", ruft Heinrich, als er über die Schwelle tritt. Es riecht würzig, etwas säuerlich und schwer. Vielleicht gibt es heute Abend Hühnerfrikassee? Nein, das würde frischer riechen. Heinrich schnuppert erneut. Er streift seine Schuhe ab und betritt die Küche. Seine Frau Rita steht am Herd. Sie hat ihre karierte Kochschürze umgebunden. Als sie sich umdreht, drückt Heinrich ihr einen Kuss auf die Wange. Ein scharfer Geruch kitzelt ihn in der Nase. Pfeffer! Heinrich muss niesen.
„Gesundheit!", sagt Rita und lächelt. „Hast du Hunger?"
Was für eine Frage! Heinrich läuft das Wasser im Mund zusammen. Er schnuppert erneut. Er riecht einen dunklen, herben Geruch. Nelke und Lorbeer. Da ist sich Heinrich ganz sicher. Er kann sehen, dass ein Braten im Backofen brutzelt.

„Stell doch bitte mal die Gemüseabfälle auf den Balkon", reißt Rita ihn aus seinen Gedanken. Heinrich nimmt die Schüssel entgegen und öffnet die Balkontür. Die Gemüseabfälle riechen frisch. Heinrich linst in die Schüssel. Ah, Rotkohl! Er ist sich sicher: Heute Abend gibt es etwas mit Rotkraut. Heinrich stellt die Schüssel in eine Ecke des Balkons. Dann lehnt er sich einen Augenblick an die Brüstung. In die Blumenkästen, die am Geländer hängen, hat Rita Beeren gepflanzt. Es riecht zitronig, süß und erdig. Einige Erdbeeren in den Blumenkästen sind schon rot.

Er zupft eine Beere ab und steckt sie in den Mund. Lecker!

Heinrich geht zurück in die Küche. Er greift nach Ritas Arm und zieht sie mit zur Eckbank. Das Essen wird von ganz allein fertig. Jetzt will er seiner Frau erst einmal erzählen, was heute im Büro los war. Zwischendurch schnuppert er immer wieder. Es riecht kräftig und voll. Heinrichs Magen knurrt. Rita tätschelt ihrem Mann den Arm.
„Jetzt muss ich mich wieder um unser Essen kümmern", sagt sie und steht auf. In diesem Augenblick steigt Heinrich ein neuer Geruch in die Nase. Es riecht plötzlich gar nicht mehr gut. Nicht mehr würzig oder frisch. Nicht mehr zitronig oder nach Kräutern. Es riecht beißend und verbrannt.
„Oh nein!", ruft Rita und reißt die Ofenklappe auf. Dicker Rauch erfüllt die Küche.
„Der schöne Sauerbraten", jammert Rita und wedelt mit der Hand den Qualm beiseite. Heinrich hustet und öffnet die Balkontür.
„Jetzt weiß ich, wonach es die ganze Zeit in der Küche geduftet hat. Nach Sauerbraten", keucht Heinrich.
Rita schüttelt den Kopf. „Damit wird es nun aber nichts werden. Den können wir nicht mehr essen", murmelt sie.

„Ich habe eine Idee", meint Heinrich gelassen. Er nimmt seiner Frau den Bräter mit dem verkohlten Braten aus den Händen und stellt ihn schnell auf den Balkon. Dann holt er sich ein Schälchen aus dem Regal. Er erntet alle reifen Erdbeeren und stellt die halb gefüllte Schale auf den Esstisch.
„Dann essen wir eben Rotkraut mit Klößen und als Nachtisch gibt es Erdbeeren." Rita nickt. Man muss sich nur zu helfen wissen. Heinrich hält die Nase über den mit Rotkohl gefüllten Topf und atmet zufrieden ein. Er kann den sämigen, säuerlichen Geschmack schon auf der Zunge spüren. Ihm läuft das Wasser im Mund zusammen!

Gedächtnisübungen

1. Herzhaft – süß – sauer

Die Teilnehmer nennen abwechselnd Dinge zum Essen oder Trinken in der Reihenfolge: herzhaft – süß – sauer.

Beispiele: Salami, Bonbon, Essiggurke, Bratwurst, Limonade, Zitrone …

2. Volle Schlange

Schreiben Sie die Buchstaben des Wortes „Rotkohl" von oben nach unten und von unten nach oben an ein Flipchart oder an eine Tafel. Die Teilnehmer suchen für den Zwischenraum des Anfangs- und Endbuchstabens jeweils drei Wörter, die mit diesen Buchstaben beginnen bzw. enden.

Beispiele:

R .... L → Regel, Rassel, Riegel …
O .... H → Obdach, Offenbach, Osterstrauch …
T .... O → Tokio, Toronto, Tacho …
K .... K → Kork, Kleidersack, Kartendeck …
O .... T → Offenheit, Ordnungsamt, Organist …
H .... O → Hallo, Haarshampoo, Hähnchenrisotto …
L .... R → Leander, Leder, Lehrer …

3. Rätselhaftes zum Essen

Die Teilnehmer sollen anhand der Umschreibung herausfinden, welche Lebensmittel gesucht werden.

Beispiele: Kerniges Meeressäugetier = **Walnuss**, Gefrorenes mit feurigen Früchten = **Eis mit heißen Himbeeren**, betrunkener Fisch = **Forelle blau** …

Ein Picknick mit Hindernissen

Bei der folgenden **Wahrnehmungsgeschichte** sollen die Teilnehmer gedanklich riechen, schmecken, hören, fühlen und sehen. Lesen Sie die Geschichte so langsam vor, dass die Teilnehmer genügend Zeit haben, die Sinneswahrnehmungen zu erfassen.

Lesen Sie die Geschichte erneut langsam vor und stellen Sie Ihren Teilnehmern vorab – je nach Leistungsfähigkeit – eine oder mehrere der folgenden Aufgaben:

- Merken Sie sich, wer sich zum Picknick verabredet hat. *(Ilse, Max, Evi und Ulrich)*
- Merken Sie sich, welche Dinge auf der karierten Picknickdecke stehen. *(Schüsseln, Schalen und Flaschen)*
- Merken Sie sich, was sich darin befindet. *(Kartoffelsalat, Frikadellen und Zitronenlimonade)*
- Merken Sie sich, welche Geräusche in der Geschichte vorkommen. *(Das Summen der Bienen – das Zirpen der Grillen – rascheln – Tack, tack, tack – Klirr, klirr – Tschilp, tschilp, tirili – Knacks, knacks – Kling, kling, kling – Klatsch, klatsch)*
- Merken Sie sich, von wem die Geräusche stammen. *(Windböe, Specht, Flaschen, Vogel, Reh, Fahrradglocke, Applaus)*

© exclusive-design – Fotolia.com

Ein Picknick mit Hindernissen

Ilse und Max haben sich heute mit ihren Freunden Evi und Ulrich zum Picknick verabredet. Mit den Fahrrädern machen sie sich auf den Weg zum Weiher. Dort wollen sie sich mit Evi und Ulrich treffen. Doch als sie ihre Räder am Wasser abstellen, ist von den beiden noch nichts zu sehen.

„Die kommen eben etwas später. Du kennst ja Ulrich. Der ist nie pünktlich", meint Max gelassen. Er nimmt Ilse die Picknickdecke ab, die sie vom Gepäckträger zieht. Ruckzuck ist das Picknick vorbereitet. Auf der karierten Decke, die in der Wiese am Ufer liegt, stehen Schüsseln, Schalen und Flaschen. Darin sind Kartoffelsalat, Frikadellen und Zitronenlimonade. Max schnuppert genießerisch. Die Frikadellen riechen herrlich würzig. Max steigt der Geruch von Schnittlauch in die Nase, den Ilse auf den Kartoffelsalat gestreut hat. Am liebsten würde er sofort mit dem Essen beginnen. Aber Ilse hält ihn zurück.
„Wir warten auf Evi und Ulrich. So wie abgemacht", bestimmt sie.
„Aber ein Schluck von der Limonade wird ja wohl erlaubt sein", brummt Max und gießt sich ein Glas davon ein. Die Limonade schmeckt frisch. Sie hinterlässt einen herben Geschmack auf Max´ Zunge. Max und Ilse sitzen schweigend nebeneinander. Hier ist es viel ruhiger als in der Stadt. Nur ein paar Bienen summen um sie herum und das leise Zirpen von Grillen ist zu hören. Die warmen Sonnenstrahlen wärmen Ilses Rücken. Plötzlich raschelt es. Ilse blickt sich um. Ob das Evi und Ulrich sind? Nein, es war nur eine kleine Windböe, die durch die Baumkronen gefahren ist.

„Mach die Augen zu", fordert Ilse Max auf. „Wer von uns Evi und Ulrich als Erster hört, hat gewonnen." Max ist einverstanden. Er legt sich ins Gras, bettet seinen Kopf auf die verschränkten Hände und schließt die Augen.

„Tack, tack, tack!"
„Da kommen sie!", ruft Max und richtet sich auf.
Wieder hören die beiden das rhythmische Klopfen. Ilse hat erkannt, was es ist. „Ach was, das war nur ein Specht", kichert sie.
Max lässt sich wieder ins Gras sinken.
„Klirr, klirr." Ein helles Klingen von Glas ist zu hören.
„Das waren jetzt die Flaschen, die du mit deinem Fuß umgestoßen hast", meckert Ilse.
„Tschilp, tschilp, tirili." Das Gezwitscher erkennt Max natürlich sofort.
„Ein Vogel!", ruft er.
„Pssst! Jetzt hast du ihn vertrieben", zischt Ilse.
„Knacks, knacks." Es klingt hölzern und dumpf.
„Das sind sie!", ist sich Ilse sicher. Sie öffnet die Augen und blickt sich um. Da sieht sie ein Reh davonlaufen. Es ist wohl auf einen morschen Ast getreten. Plötzlich spitzen Max und Ilse gleichzeitig die Ohren.
„Kling, kling, kling." Aus der Ferne sind Klingeltöne zu hören.
„Eindeutig eine Fahrradglocke", sagt Max. Und tatsächlich! Als Ilse und er die Augen öffnen, können sie Ulrich und Evi auf ihren Fahrrädern sehen.
„Klatsch, klatsch." Ilse und Max beginnen, zu klatschen. Mit Applaus feuern sie die beiden Fahrradfahrer an.

„Wo bleibt ihr denn?", will Max wissen, als ihre Freunde endlich von ihren Fahrrädern steigen.
„Ihr werdet es kaum glauben, aber Ulrich kannte eine Abkürzung", meint Evi mit säuerlicher Miene. Doch dann kann sie nicht weiter ernst bleiben und fängt schallend an, zu lachen.
„Na, dann bin ich ja froh, dass ihr schließlich den Weg von der Abkürzung hierher noch gefunden habt. Dann können wir ja mit dem Picknick endlich beginnen", kichert Ilse.

Gedächtnisübungen

1. Picknick-Proviant

Die Teilnehmer überlegen, welche Dinge man zu einem Picknick mitnehmen kann.

Beispiele: Picknickkorb, -decke, Eistee, Mineralwasser, Radler, Wiener Würstchen, Nudelsalat, Pappteller, Besteck …

2. Geräusche-Memo

Für dieses Spiel benötigen Sie kleine Dosen o. Ä., die paarweise mit unterschiedlichen Gegenständen gefüllt werden, wie z. B. Nudeln, Reis, Linsen, Erbsen, Geldstücke, Haselnüsse oder Büroklammern. Jeder Teilnehmer bekommt eine befüllte Dose und versucht, die Person zu finden, deren Dose dasselbe Geräusch erzeugt.
Alternativ können die Dosen auch auf einem Tisch, wie ein herkömmliches Memospiel, aufgestellt werden. Reihum darf jeder Teilnehmer zwei Dosen nehmen und hören, wie die Geräusche klingen. Hat ein Teilnehmer ein Geräusche-Paar gefunden, darf er sein Glück wieder versuchen.

Tipp: Lassen Sie die Teilnehmer zusätzlich den Inhalt der Dosen erraten.

3. Gegenstände und ihre Geräusche

Für diese Übung benötigen Sie zehn unterschiedliche Gegenstände, wie z. B. Tischtennisball, Gummiball, Kugelschreiber, Geldstück, Päckchen Papiertaschentücher, Schlüssel, Streichholzschachtel, Knopf, Schraubverschluss, Würfel. Zeigen Sie Ihren Teilnehmern die Gegenstände. Bitten Sie sie anschließend, die Augen immer dann zu schließen, wenn Sie einen Gegenstand auf den Tisch oder Boden fallen lassen. Wer findet heraus, um welchen Gegenstand es sich handelt?

Das perfekte Kleid

Bei der folgenden **Wahrnehmungsgeschichte** sollen die Teilnehmer gedanklich fühlen und sehen. Lesen Sie die Geschichte so langsam vor, dass die Teilnehmer genügend Zeit haben, die Sinneswahrnehmungen zu erfassen. An einigen Stellen sollen sie darüber hinaus auch Farben ergänzen. Damit Sie als Vorleser die zu ergänzenden Farben schnell erkennen, sind diese farbig hervorgehoben.

Lesen Sie die Geschichte erneut langsam vor und stellen Sie Ihren Teilnehmern vorab – je nach Leistungsfähigkeit – eine oder mehrere der folgenden Aufgaben:

- Merken Sie sich, wer zum ersten Mal zum Sommerball gehen darf. *(Marianne)*
- Merken Sie sich, wer Marianne zum Einkauf begleitet. *(ihre Freundin Heidrun)*
- Merken Sie sich, wie sich Marianne ihr Kleid vorstellt. *(so luftig wie der Himmel, wie weiße Rosen, wie eine Wiese, wie eine Sonnenblume, geheimnisvoll wie die Nacht)*
- Merken Sie sich die Farben, die in der Geschichte vorkommen. *(Blau, Rot, Weiß, Grün, Gelb, Schwarz)*

© DenisProduction.com – Fotolia.com

Das perfekte Kleid

Marianne darf dieses Jahr zum ersten Mal zum Sommerball gehen. Dafür will sie sich ganz besonders schick machen. Darum nimmt sie kurzerhand ihre Freundin Heidrun mit, um sich in der Stadt ein Kleid auszusuchen. Doch wer die Wahl hat, hat bekanntlich auch die Qual.

„Wie soll das Kleid denn aussehen?", will Heidrun wissen. Marianne überlegt. Sie stehen in der Damenmodenabteilung vor unzähligen Kleiderständern. Marianne lässt ihren Blick ins Leere wandern.
„So wie der Himmel", sagt sie träumerisch.
„Aha, dann wissen wir ja schon die Farbe. Dein Kleid soll also **blau** sein."
„Nein, nein. Nur so luftig wie der Himmel." Marianne schüttelt entschieden den Kopf. „Bei der Farbe dachte ich mehr an Rosen."
„Wir suchen also nach einem Kleid mit der Farbe **Rot**?", fragt Heidrun.
Marianne verzieht den Mund. „Nein, nicht rot. Ich meinte weiße Rosen."
Heidrun kichert. „Dann sieht es aus wie ein Brautkleid."

Marianne kratzt sich am Kopf. Da hat ihre Freundin Recht. Sie fährt mit ihrer Hand durch die Kleider an einer Stange.
„Ich denke, mein Kleid soll mehr wie eine Wiese sein", sagt sie.
„Aha. Halten wir also Ausschau nach einem Kleid mit der Farbe **Grün**.", meint Heidrun. Sie freut sich, dass ihre Freundin nun endlich weiß, was sie will. Beherzt greift sie nach einem grünen Kleid. Es fühlt sich seidig und glatt an. Sie hält es Marianne hin. Doch die schüttelt den Kopf.
„Damit sehe ich ja aus wie ein Frosch", jammert Marianne.
„Wie willst du denn aussehen?", fragt Heidrun. Ihre Stimme klingt dabei etwas ungeduldig.

„Wie, wie …" Marianne überlegt. „Wie eine Sonnenblume", sagt sie schließlich und nickt.
Gut. Heidrun hängt das Kleid zurück. Dann greift sie nach einem Kleid aus robustem, etwas groben, gelbem Stoff.
„Hier. Dieses Kleid hat genau die richtige Farbe. Es ist **gelb**." Doch Marianne ist immer noch nicht zufrieden. Sie dreht und wendet das Kleid. Dann meint sie: „Das macht mich blass."
Heidrun knirscht mit den Zähnen. „Mit dir geh ich nicht noch einmal ein Kleid kaufen", murmelt sie dabei. Gut, dass Marianne das nicht hören kann. Denn sie steht mittlerweile einige Meter entfernt an einem anderen Kleiderständer.
„Geheimnisvoll wie die Nacht", haucht sie, als Heidrun neben sie tritt.
„Du hast dich jetzt also für die Farbe **Schwarz** entschieden?", will sie wissen.
„Quatsch! Dann sehe ich ja aus, als wäre ich in Trauer", meint Marianne entsetzt. Jetzt hat Heidrun aber genug. Sie dreht sich um und macht einen Schritt in Richtung Ausgang. Doch dann bleibt ihr Blick an einem Kleid hängen, das an einer Schaufensterpuppe ausgestellt ist.

Rasch geht sie zu Marianne, hakt sich bei ihr unter und zieht sie mit sich.
„Hier. Das ist das richtige Kleid für dich!", sagt sie und deutet auf die Puppe. Marianne begutachtet das Kleid von allen Seiten. Dann lässt sie eine Hand langsam über den bunt gemusterten Stoff gleiten. Er fühlt sich kühl und weich an. Außerdem glänzt er im Licht.
„Das Kleid ist wie der Himmel so **blau**, wie die Wiese so **grün**, wie Rosen so **rot** und **weiß**, wie Sonnenblumen so **gelb**.
Erleichtert winkt Heidrun eine Verkäuferin heran. Hoffentlich passt das Kleid. Eine weitere Einkaufsberatung hält sie wirklich nicht aus.

Gedächtnisübungen

1. Für jeden Anlass das passende Kleidungsstück

Die Teilnehmer suchen nach unterschiedlichen Kleidungsstücken und nennen einen entsprechenden Anlass, zu dem dieses angezogen wird.

Beispiele: ein Flamencokleid trägt man zur Flamenco-Tanzstunde, eine Knickerbockerhose zum Wandern in den Bergen …

2. Kleider–Wortkette

Die Teilnehmer bilden reihum eine Wortkette mit Kleidungsstücken oder Accessoires. Dazu wird immer der letzte Buchstabe eines vorher genannten Begriffs für den Anfangsbuchstaben eines neuen Wortes benutzt.

Beispiele: Hem**d** – **D**amenroc**k** – **K**ostü**m** – **M**ante**l** – **L**ederhose …

Tipp: Die Antworten können Sie an ein Flipchart oder eine Tafel schreiben. Die Teilnehmer suchen anschließend nach Gemeinsamkeiten, wie z. B. Freizeitkleidung, festliche Kleidung, Sommer- oder Winterkleidung …

3. Sprichwörter und Redewendungen gesucht

Die Teilnehmer sollen nach Sprichwörtern und Redewendungen zum Thema „Kleidung" suchen.

Beispiele:

a. Kleider machen Leute

b. alles unter einen Hut bekommen

c. etwas aus dem Ärmel schütteln

Überraschung im Säckchen

Bei der folgenden **Wahrnehmungsgeschichte** sollen die Teilnehmer gedanklich fühlen und sehen. Lesen Sie die Geschichte so langsam vor, dass die Teilnehmer genügend Zeit haben, die Sinneswahrnehmungen zu erfassen.

Lesen Sie die Geschichte erneut langsam vor und stellen Sie Ihren Teilnehmern vorab – je nach Leistungsfähigkeit – eine oder mehrere der folgenden Aufgaben:

- Merken Sie sich, was in der Spiegelkommode aufbewahrt wird. *(Schmuckstücke)*
- Merken Sie sich, welches Spiel die Enkelin heute spielen möchte. *(Nikolaus)*
- Merken Sie sich, welche Namen in der Geschichte vorkommen. *(Margret, Lilli, Nikolaus)*
- Merken Sie sich, in welchem Zimmer Margret auf ihre Enkelin warten muss und wo sie Platz nimmt. *(sie wartet im Wohnzimmer und nimmt auf dem Sofa Platz)*
- Merken Sie sich, welche Gegenstände Margret erraten muss. *(Brillenetui, Halstuch, Perlenkette)*

© by-studio - Fotolia.com

Überraschung im Säckchen

Margret liebt es, wenn ihre Enkeltochter zu Besuch kommt. Lilli ist so lebensfroh und erfinderisch. Die beiden spielen und haben viel Spaß miteinander. Nur eines erlaubt Margret ihrer Enkeltochter nicht: Sie darf nicht an ihre Spiegelkommode gehen. Denn dort bewahrt Margret ihre Schmuckstücke auf. Die sind zwar nicht besonders wertvoll, aber für sie haben sie eine große Bedeutung. Nicht auszudenken, wenn ihre Perlenkette oder ein Ring verschwinden oder kaputtgehen würden!

„Oma, wir spielen heute Nikolaus", bestimmt Lilli und zwinkert Margret zu. Ein interessanter Vorschlag. Ob ihre Enkelin Geschenke haben möchte? Aber Lilli erklärt sofort: „Ich bin der Nikolaus und bringe dir etwas. Du musst raten, was es ist." So ganz hat Margret das Spiel noch nicht verstanden. Aber sie lässt sich gern überraschen.
„Setz dich ins Wohnzimmer. Ich bin gleich wieder da", kichert Lilli und saust durch Margrets Haus. Lächelnd nimmt Margret auf dem Sofa Platz. Kurze Zeit später spaziert Lilli mit Margrets Einkaufstasche in die gute Stube.
„Guten Tag. Ich bin der Nikolaus. Warst du auch schön brav?", brummt Lilli mit verstellter Stimme. Margret nickt belustigt.
„Dann darfst du in meinen Sack greifen. Du musst aber erst raten, was du in der Hand hast, bevor du es herausziehst", erklärt Lilli-Nikolaus.

Jetzt hat Margret das Spiel verstanden. Sie schiebt ihre rechte Hand in die Einkaufstasche, die als Nikolaussack herhalten muss. Das Erste, was sie ertastet, ist hart und glatt. Margret fühlt ein längliches, ovales Ding. Es hat auf einer Seite einen Verschluss. Lilli-Nikolaus linst in die Einkaufstasche, um zu sehen, was Margret betastet.

„Ich geb dir einen Tipp: Du brauchst das für deine Brille, Oma", sagt sie verschwörerisch. Ah, Margret weiß, was sie ertastet hat.
„Ein … Brillenetui", rät sie. Lilli nickt. Jetzt darf Margret es aus dem Einkaufstaschen-Sack nehmen. Dann greift sie wieder in den vermeintlichen Nikolaussack. Sie fühlt etwas Weiches. Eindeutig Stoff. Es fühlt sich seidig und luftig an. Margret greift den langen, fließenden Stoff entlang. Lilli späht in den Sack, während Margret weiter tastet.
„Das wickelst du dir immer um den Hals", sagt Lilli und hüpft aufgeregt auf und ab.
„Mein … Halstuch!", tippt Margret.
„Bravo, Oma!", gratuliert Lilli und Margret darf das Tuch aus dem Nikolaussack nehmen.

Erneut steckt Margret ihre Hand in den Einkaufstaschen-Sack. Ganz unten ist noch etwas. Margrets Hand fährt über etwas Hartes. Es fühlt sich an, als wären lauter Kugeln aneinandergehängt. Gereiht an einer langen Schnur. Oh nein! Ärgerlich zieht sie ihre Hand aus der Tasche.
„Das ist doch nicht etwa meine … Perlenkette?", fragt sie Lilli und sieht sie dabei streng an. Lilli zieht den Kopf ein. Doch dann zuckt sie mit den Schultern.
„Doch, aber du brauchst gar nicht mit mir zu schimpfen. Ich hab dem Nikolaus gleich gesagt, dass er nicht an deine Spiegelkommode darf. Aber er hat einfach nicht auf mich gehört", verteidigt sie sich.
Jetzt muss Margret lachen. Um keine Ausrede verlegen, die Kleine. Nein, wie gerissen ihre Enkeltochter doch ist.
„Bekomme ich zur Belohnung jetzt ein Plätzchen? Weil ich mir so ein schönes Spiel ausgedacht habe?", fragt Lilli. Margret steht auf und geht in die Küche. Sie kann ihrer Enkeltochter nicht nur nicht böse sein. Einen Wunsch abschlagen kann sie ihr auch nicht.

Gedächtnisübungen

1. Nikolausgeschenke

Die Teilnehmer nennen Geschenke, die der Nikolaus bringen kann. Die Geschenke dürfen nicht mehr als fünf Euro kosten.

Beispiele: ein Paar Socken, Malbuch, Malstifte, Spielzeugauto …

Tipp: Lassen Sie die Teilnehmer erzählen, wie diese früher den Nikolausabend gefeiert haben und was auf dem Nikolausteller gelegen hat. Wurde auch gesungen oder ein Gedicht aufgesagt? Welches? Gab es besondere Traditionen in der Adventszeit?

2. Tastübung

Für diese Übung müssen, entsprechend der Teilnehmerzahl, Tastsäckchen mit unterschiedlichen Gegenständen zum Tasten vorbereitet werden. Jeder Teilnehmer bekommt ein Tastsäckchen und es wird reihum gespielt. Der erste Teilnehmer greift mit beiden Händen in das Tastsäckchen, befühlt seinen Gegenstand und beschreibt ihn der Gruppe. Dabei sollen Größe, Beschaffenheit, Form etc. beschrieben werden. Die Gruppe versucht anhand der Beschreibungen, den Gegenstand zu erraten. Ggf. können Tipps oder Hinweise zum Gebrauch des Gegenstandes gegeben werden.

3. Typisches Weihnachtsgebäck

Die Teilnehmer nennen reihum unterschiedliche Gebäcksorten.

Beispiele: Zimtsterne, Anisplätzchen, Lebkuchen, Spritzgebäck, Printen, Spekulatius …

Die perfekte Wohnung

Bei der folgenden **Wahrnehmungsgeschichte** sollen die Teilnehmer gedanklich riechen, hören und sehen. Lesen Sie die Geschichte so langsam vor, dass die Teilnehmer genügend Zeit haben, die Sinneswahrnehmungen zu erfassen.

Lesen Sie die Geschichte erneut langsam vor und stellen Sie Ihren Teilnehmern vorab – je nach Leistungsfähigkeit – eine oder mehrere der folgenden Aufgaben:

- Merken Sie sich, wer eine Wohnung sucht. *(Johann und Roswitha)*
- Merken Sie sich, welches Haus die zwei zuerst betreten. *(das gelbe Haus in der Goethestraße 4)*
- Merken sie sich, wonach es in der Goethestraße 4 riecht. *(nach Sauerkraut, Staub und schlecht gelüftet)*
- Merken Sie sich, wer die beiden in der zweiten Wohnung erwartet. *(eine Frau im karierten Rock)*
- Merken Sie sich alle Eigenschaften der Gerüche, die Roswitha riecht. *(die erste Wohnung riecht säuerlich, schwer, abgestanden, nach Staub und Sauerkraut, schlecht gelüftet; die zweite Wohnung riecht scharf, muffig, herb, nach Schweiß, Mottenkugeln und Katzenfutter; die dritte Wohnung riecht frisch, weich, aromatisch, nach frischen Kräutern, Kölnisch Wasser, Zitrone und Lavendel)*

© Yeti Studio – Fotolia.com

Die perfekte Wohnung

Johann und Roswitha sind nun schon seit einem Jahr verlobt. In drei Monaten steht die Hochzeit an. Darum ist es höchste Zeit, sich nach einer gemeinsamen Bleibe umzusehen. In der Goethestraße 4 betreten die beiden ein gelbes Haus. Gleich hinter der Eingangstür liegt ein breiter Fußabtreter. Johann läuft direkt zur Treppe und winkt Roswitha zu sich. Hand in Hand steigen sie die Stufen bis zum dritten Stock hinauf. Dort wartet schon der Vermieter auf sie. Einladend deutet er zur offenen Wohnungstür. Gespannt betreten Johann und Roswitha die vier Wände. Roswitha schnuppert.
„Säuerlich, schwer und abgestanden. Riecht nach Sauerkraut, Staub und schlecht gelüftet", murmelt sie. Johann sieht sich in jedem der Räume ausgiebig um. Aber das kann sich Roswitha sparen. Am Ende fragt der Vermieter: „Gefällt Ihnen die Wohnung?"
Johann nickt. Aber Roswitha schüttelt vehement den Kopf.

Johann zuckt mit den Schultern. Gut, dann sehen sie sich eben die zweite Wohnung an. Sie ist nur zwei Straßen weiter in der Rosengasse. Bei einem roten Klinkerhaus sind sie richtig. Johann klingelt bei Schmidt. Ein Fenster öffnet sich und eine Frau streckt ihren Kopf heraus.
„Kommen Sie rein. Zweiter Stock rechts", ruft sie nach unten.
Johann öffnet die Eingangstür und hält sie für Roswitha auf.
„Zweiter Stock ist besser als der dritte. Vor allem, wenn es keinen Aufzug gibt", meint Johann, während die beiden nach oben gehen.
Eine Frau im karierten Rock erwartet sie schon. Johann und Roswitha folgen ihr in die Wohnung. Johann lobt den Schnitt der Wohnung und den Ausblick vom Küchenfenster in den Park. Roswitha bleibt stehen und atmet tief ein.

„Scharf, muffig und herb", murmelt sie und überlegt. „Hier riecht es nach Schweiß, Mottenkugeln und Katzenfutter."
„Wollen wir die Wohnung nehmen?", flüstert Johann seiner Verlobten zu.
„Auf keinen Fall", sagt Roswitha bestimmt.

„Jetzt haben wir nur noch eine Wohnung in Aussicht. Ich hoffe, mit der bist du zufrieden", brummt Johann, als sich die beiden wieder auf den Weg machen. Johann steuert in der Erikastraße die Nummer 5 an. Es ist ein schlichtes, weißes Mehrfamilienhaus. Diesmal steht der Vermieter der Wohnung schon vor der Tür an der Straße.
„Hereinspaziert", sagt er freundlich und bittet Johann und Roswitha, ihm zu folgen. Die Wohnung befindet sich im Hochparterre. Sie ist großzügig und hell. Roswitha bleibt auf der Schwelle zum Schlafzimmer stehen.
„Frisch, weich und aromatisch riecht es hier. Und ein bisschen nach frischen Kräutern", sagt sie und ihre Miene hellt sich auf. „Kölnisch Wasser, Zitrone und Lavendel", fügt sie an und nickt. Johann ist mit dem Vermieter im Gespräch. Roswitha findet die beiden im Badezimmer.
„Wir nehmen die Wohnung", unterbricht sie die Männer. Johann sieht seine Verlobte erstaunt an.
„Hier werden wir glücklich sein", sagt sie und hakt sich bei Johann unter.
„Hat dir das dein siebter Sinn verraten?", fragt Johann entgeistert.
„Nein, mein erster. Ich meine meine Spürnase", sagt Roswitha.
„Muss ich das verstehen?", fragt Johann. Roswitha schüttelt den Kopf und lacht.
„Na, das kann ja heiter werden. Versteh mir einer die Frauen", murmelt Johann und fragt sich, wie es wohl weitergehen wird, wenn sie erst einmal verheiratet sind.

Gedächtnisübungen

1. Häuser gesucht

Die Teilnehmer suchen unterschiedliche Arten von Häusern.

Beispiele: Gartenhaus, Elternhaus, Schulhaus, Wochenendhaus, Einfamilienhaus, Ferienhaus, Landhaus, Bauernhaus, Hochhaus, Konzerthaus ...

2. Was gehört wohin ins Haus?

Schreiben Sie die nachfolgenden Gegenstände an ein Flipchart oder eine Tafel. Die Teilnehmer überlegen, in welchem Zimmer diese ihren Platz finden können.

Beispiele: Fahrrad, Werkbank, Spüle, Sofa, Beistelltisch, Schuhschrank, Fernseher, Bücherregal, Kommode, Stühle, Zeitungsständer, Spiegelschrank, Schlüsselkasten, Handfeger, Läufer, Kerzenständer, Wäschekorb, Handtücher, Staubsauger, Gießkanne, Tischdecke, Föhn, Kopfkissen, Abfalleimer, Esstisch, Bratpfanne, Hammer, Koffer, Bürste ...

3. Doppel-Haus

Die Teilnehmer suchen nach Wörtern, bei denen das Wort „Haus" sowohl am Anfang als auch am Ende stehen kann und sich jeweils ein neuer Sinn ergibt, wie z. B. Haus**frau** und **Frauen**haus. Wenn es sprachlich erforderlich ist, dürfen wie im Beispiel Buchstaben hinzugefügt werden.

Beispiele: Haus**bank**/**Bank**haus, Haus**garten**/**Garten**haus, Haus**wirt**/**Wirts**haus, Haus**musik**/**Musik**haus, Haus**treppe**/**Treppen**haus, haus**hoch**/**Hoch**haus, Haus**gast**/**Gast**haus, Haus**bau**/**Bau**haus, Haus**boot**/**Boots**haus, Haus**schuh**/**Schuh**haus, Haus**kauf**/**Kauf**haus ...

Eine musikalische Überraschung

Bei der folgenden **Wahrnehmungsgeschichte** sollen die Teilnehmer gedanklich riechen, hören, fühlen und sehen. Lesen Sie die Geschichte so langsam vor, dass die Teilnehmer genügend Zeit haben, die Sinneswahrnehmungen zu erfassen.

Lesen Sie die Geschichte erneut langsam vor und stellen Sie Ihren Teilnehmern vorab – je nach Leistungsfähigkeit – eine oder mehrere der folgenden Aufgaben:

- Merken Sie sich, wer Hochzeitstag hat. *(Gisela und Horst)*
- Merken Sie sich den Namen der Hochzeit. *(Holzhochzeit)*
- Merken Sie sich, wie lange Gisela und Horst verheiratet sind. *(fünf Jahre)*
- Merken Sie sich, welche Überraschung sich Horst für den Hochzeitstag ausgedacht hat. *(eine Kutschfahrt)*
- Merken Sie sich, welche Lieder in der Geschichte vorkommen. *(„Das Wandern ist des Müllers Lust", „Widele, wedele, hinter dem Städele", „Muss i denn, muss i denn zum Städtele hinaus", „Hoch auf dem gelben Wagen", „Du, du liegst mir im Herzen")*

©empics – Fotolia.com

Eine musikalische Überraschung

„Dieses Jahr feiern wir unsere Holzhochzeit“, freut sich Gisela. Horst und sie sind nämlich schon seit fünf Jahren verheiratet. Horst hat sich eine besondere Überraschung für seine Frau ausgedacht. Diese bekommt sie aber nicht einfach so. Sie muss erst erraten, was er für sie vorbereitet hat.

Horst macht ein geheimnisvolles Gesicht.
„Pass auf. Ich gebe dir einen Hinweis, was ich mit dir als Erstes vorhabe“, sagt er und lächelt vielsagend. Gisela liebt Überraschungen. Sie klatscht begeistert in die Hände.
„Ich bin bereit“, sagt sie und gibt Horst einen Kuss auf die Nasenspitze.
Horst räuspert sich. Dann beginnt er, ein Lied zu summen: „Das Wandern ist des Müllers Lust“. Gisela überlegt. Das Lied kennt sie. Da ging es ums Wandern. Genau!
„Das Wandern ist des Müllers Lust!“, ruft sie. „Wir gehen also wandern?“
Horst nickt. Er hat schon einen kleinen Rucksack mit Butterbroten und Limonade gepackt. Gisela zieht sich schnell ihre bequemen Schuhe an und schlüpft in ihre Jacke. Es kann losgehen.

Horst und Gisela treten vor das Haus. Es ist noch frisch. Die Luft riecht nach feuchtem Gras.
„Und wohin wollen wir wandern?“, will Gisela wissen. Wieder beginnt Horst, ein Lied als Antwort zu summen: „Widele, wedele, hinter dem Städele“.
„Ah!“ Gisela hebt ihren Zeigefinger. „‚Widele, wedele, hinter dem Städele‘. Wir gehen also raus aus der Stadt. Aber Hochzeit hatten wir ja schon vor fünf Jahren“, schmunzelt sie.
Horst grinst und nimmt Giselas Hand. Gemeinsam gehen sie durch die Siedlung an den Stadtrand. Nach und nach werden die Häuser immer weniger. Nun beginnt schon der Stadtforst mit seinen Kiefern und Bu-

chen. Hier riecht es würzig und ein bisschen nach Harz. Dort gehen Gisela und Horst oft spazieren. Jetzt ist es Gisela, die zu summen beginnt: „Muss i denn, muss i denn zum Städtele hinaus."
Horst singt aus voller Kehle mit: „Muss i denn, muss i denn zum Städtele hinaus ... Aber, mein Schatz, du muss nicht hierbleiben. Du sollst ja unbedingt mitkommen", lacht er.

Bald haben die beiden den Stadtwald durchquert. Vor ihnen liegen Wiesen und Äcker. Es riecht herb und erdig. Horst biegt in einen Feldweg ein. „Mach die Augen zu", flüstert Horst. Gisela kichert und schließt die Augen. Plötzlich hört sie, wie etwas klappert: „Tack tack, tack tack". Und ein Quietschen hört sie auch. Es hört sich nach großen Rädern an, die sich langsam drehen. Horst beginnt, erneut eine Melodie zu summen: „Hoch auf dem gelben Wagen." Gisela kann es nicht mehr erwarten und öffnet ihre Augen. Sie ruft: „‚Hoch auf dem gelben Wagen' – Eine Kutschfahrt!"
„Genau", sagt Horst und lächelt seine Frau liebevoll an. Vor ihnen ist eine Pferdekutsche zum Stehen gekommen.
„Bitte aufsteigen, die Herrschaften", brummt der Kutscher mit tiefer Stimme. Horst hilft Gisela, in die Kutsche zu klettern. Dann kann die Fahrt beginnen.

„Was für eine schöne Überraschung zum Hochzeitstag", haucht Gisela und tätschelt ihrem Liebsten die Hand. Dann legt sie ihren Kopf auf Horsts Schulter und seufzt wohlig. Während die Pferde im Takt ihrer Schritte mit den Hufen klappern, stimmt Horst erneut ein Lied an: „Du, du liegst mir im Herzen." Sofort beginnt Gisela, zu singen: „Du, du liegst mir im Sinn." Gemeinsam singen die beiden das Lied zu Ende. Dann rücken sie noch ein bisschen enger aneinander und genießen die Kutschfahrt – verliebt wie am ersten Tag.

Gedächtnisübungen

1. Abc der Hochzeitsgeschenke

Die Teilnehmer überlegen sich zu den Buchstaben des Alphabets originelle Hochzeitsgeschenke.

Beispiele: **A**bendserenade im Park, **B**rotzeit auf der Alm, **C**horgesang beim Abendessen, **D**auerkarte fürs Theater …

2. Hochzeitstage

Schreiben Sie die nachfolgenden Bedeutungen von Hochzeitstagen an ein Flipchart oder eine Tafel. Die Teilnehmer überlegen, nach wie vielen Ehejahren diese gefeiert werden.

Beispiele: Lederhochzeit *(3 Jahre)*, Zucker- oder Zinnhochzeit *(6 Jahre)*, Satinhochzeit *(24 Jahre)*, Keramikhochzeit *(9 Jahre)*, Seifenhochzeit *(32 Jahre)*, Stahlhochzeit *(11 Jahre)*, Zeushochzeit *(54 Jahre)* …

Tipp: Die Teilnehmer sollen überlegen, welche Unterschiede es zwischen einer Hochzeitsfeier von früher und heute gibt. Wer möchte von seiner Hochzeitsfeier erzählen?

3. Hochzeitsbüfett

Die Teilnehmer stellen ein Hochzeitsbüfett mit Speisen und Getränken zusammen. Reihum stellt jeder etwas auf das imaginäre Büfett. Wie beim Kofferpacken-Spiel werden dabei die bereits genannten Dinge wiederholt. Je nach Leistungsfähigkeit der Teilnehmer oder Gruppengröße können mehrere Runden gespielt werden. Zum Schluss wird noch einmal gemeinsam erinnert, wer was auf das Büfett gestellt hat.

Katze Mimi ist unverwechselbar

Bei der folgenden **Wahrnehmungsgeschichte** sollen die Teilnehmer gedanklich hören, fühlen und sehen. Lesen Sie die Geschichte so langsam vor, dass die Teilnehmer genügend Zeit haben, die Sinneswahrnehmungen zu erfassen.

Lesen Sie die Geschichte erneut langsam vor und stellen Sie Ihren Teilnehmern vorab – je nach Leistungsfähigkeit – eine oder mehrere der folgenden Aufgaben:

- Merken Sie sich, wie die Personen in der Geschichte heißen. *(Edeltraud und Rudolf)*
- Merken Sie sich, wo die beiden leben. *(auf einem Bauernhof)*
- Merken Sie sich, wann Rudolf seine Frau testen möchte. *(am Abend nach der Stallarbeit)*
- Merken Sie sich, womit er Edeltraud die Augen verbindet. *(mit einem blauen Kopftuch)*
- Merken Sie sich, welche Tiere Edeltraud streichelt, bis sie ihre Katze erkennt. *(Hund Bello, eines ihrer Hühner sowie einen Igel)*

© grafikplusfoto – Fotolia.com

Katze Mimi ist unverwechselbar

„Na komm, meine Kleine“, flötet Edeltraud. Sie bückt sich und streichelt ihrer Katze Mimi liebevoll übers Fell. Mimi schnurrt zufrieden.
„Was du immer mit deiner Katze hast“, grummelt Rudolf.
„Wir sind hier auf einem Bauernhof. Da haben die Tiere eine Aufgabe. Schmusekatzen sind höchstens etwas für Stadtmenschen.“
Edeltraud verdreht die Augen.
„Mimi ist eben etwas ganz Besonderes. Sie hört aufs Wort und ich würde sie unter 100 anderen Tieren erkennen“, sagt sie.
Rudolf lacht: „Na, das will ich sehen.“
Er überlegt kurz. Dann sagt er: „Ich werde dich heute Abend nach der Stallarbeit testen. Ich habe da schon eine Idee.“

Abends ist Edeltraud wirklich gespannt, was sich Rudolf ausgedacht hat. Er wartet vor dem Bauernhaus auf seine Frau. In seiner Hand hält er ein blaues Kopftuch.
„Ich verbinde dir jetzt die Augen und dann führe ich dich über unseren Hof. Dann kannst du beweisen, ob du Mimi durch Streicheln erkennst.“
Edeltraud grinst. Sie ist sich sicher, dass sie diese Aufgabe mit Bravour bestehen wird. Bereitwillig lässt sie sich von Rudolf die Augen verbinden. Jetzt sieht sie nur noch schwarz. Sie spürt, wie Rudolf sie am Arm nimmt und in Richtung Stallvorplatz zieht.
„Bleib hier stehen. Hier kommt das erste Tier“, sagt Rudolf.
Edeltraud hört, wie ihr Mann nach etwas greift. Dann spürt sie, wie Rudolf ihre Hand nimmt und auf ein Tier legt. Sie streicht vorsichtig über den warmen Körper. Es fühlt sich weich und etwas struppig an. Nein, das ist auf keinen Fall Mimi.
„Ist das Bello?“, fragt sie.

„Stimmt", brummt Rudolf. „Wuff!" Wie zur Bestätigung bellt der Hofhund kurz auf.

Dann wird Edeltrauds Hand erneut auf etwas gelegt. Es ist wieder weich. Aber diesmal fühlt es sich nicht wie Fell an. Es ist nicht haarig. Nein, Edeltraud ertastet Federn.
„Das ist eines von unseren Hühnern!", ruft sie.
„Gack-Gack!" Die Antwort, dass sie richtig liegt, bekommt Edeltraud vom Huhn selbst.
Einige Augenblicke später greift Rudolf wieder nach Edeltrauds Hand. Plötzlich spürt sie etwas Hartes. Es ist stachelig. Aua!
„He, was soll das?", ruft sie erschrocken und zieht ihre Hand weg.
„War ein Igel", kichert Rudolf.
Elfriede hört, wie ihr Mann den Igel wieder absetzt und wie sich kleine trippelnde Schritte entfernen. Dann wird ihre Hand erneut von Rudolf geführt. Edeltraud fühlt warme Haare. Sie fährt erst vorsichtig über das Fell. Dann streicht sie gegen den Strich. Das Wesen, auf dem ihre Hand liegt, windet sich. Jetzt ist für Edeltraud alles klar.
„Das ist Mimi!", ruft sie. Ohne die Antwort von Rudolf abzuwarten, zieht sie sich das Tuch von den Augen. Und wirklich: Vor Edeltraud steht ihr Mann mit der Katze Mimi auf dem Arm.
„Du kannst Mimi wirklich unter 1000, naja, zumindest unter vier Tieren blind erkennen", muss Rudolf zugeben.
„Genau", sagt Edeltraud. „Und jetzt gib sie her. Ab heute ist Mimi nämlich nicht mehr unsere Hofkatze, sondern ganz offiziell meine persönliche Schmusekatze." Edeltraud nimmt ihm die Katze ab und presst ihre Nase in das warme Fell ihres Lieblings. Rudolf zuckt mit den Schultern.
„Na gut. Du hast gewonnen", murmelt er und gibt sich geschlagen.

Gedächtnisübungen

1. Arbeiten auf einem Bauernhof

Die Teilnehmer überlegen, welche Arbeiten auf einem Bauernhof zu erledigen sind.

Beispiele: Stall ausmisten, Kühe melken, Hühner füttern, Feld pflügen …

2. Tiere gesucht

Die Teilnehmer nennen reihum zu den Buchstaben des Wortes „Bauernhof" unterschiedliche Tiere. Sobald zu einem Buchstaben kein Tier mehr gefunden wird, kommt der nächste Buchstabe an die Reihe.

Beispiele: Biene, **B**iber, **B**rüllaffe … **A**lpaka, **A**meise, **A**dler, **A**nakonda … **U**nke, **U**hu, **U**r … **E**sel, **E**ichhörnchen, **E**lster, **E**ichelhäher …

Tipp: Die Antworten können an ein Flipchart oder eine Tafel geschrieben werden. Die Teilnehmer suchen nach Gemeinsamkeiten, wie z. B. Nagetiere, Wild- oder Haustiere, Greifvögel …

3. Stolpersteine

Lesen Sie den Teilnehmern nachfolgende Sprichwörter/Redewendungen mit Tieren vor, die falsche Wörter enthalten. Die Teilnehmer sollen das richtige Sprichwort bzw. die richtige Redewendung nennen.

Beispiele:

a. Elstern nach Amsterdam tragen *(Eulen nach Athen tragen)*
b. in der Nacht sind alle Ratten blau *(in der Nacht sind alle Katzen grau)*
c. eine Fischgräte im Hals haben *(einen Frosch im Hals haben)*
d. da tanzt der Wolf *(da steppt der Bär)*

Fit-im-Kopf-Vorlesebücher für Senioren

Das bisschen Haushalt?!

Schmunzelgeschichten zum Gedächtnistraining mit Übungen

Fit im Kopf bleiben Ihre Senioren mit diesem Vorlesebuch zum Gedächtnistraining! Es beinhaltet kurze, an der Lebenswelt der Senioren orientierte **Vorlesegeschichten aus dem Alltagsleben** mit **integrierten Gedächtnisübungen**, an denen sowohl **geistig fitte Senioren** als auch **Menschen mit beginnender Demenz** ihre Freude haben. Die Kurzgeschichten trainieren ganzheitlich alle Hirnleistungsbereiche, wie z. B. Konzentration, bildhaftes Vorstellungsvermögen, Wortfindung und Kreativität, aber auch logisches, assoziatives und flexibles Denken.

Zum Einsatz des Buches

■ Die Kapitel

Die Geschichten im Buch setzen sich aus vier Kapiteln zusammen:

Merkgeschichten

Mit den Merkgeschichten helfen Sie dem Gedächtnis Ihrer Senioren auf die Sprünge! Die Merkfähigkeit ist u. a. von Stimmung, Interesse und Konzentration abhängig. Mit den Merkaufgaben zu diesen Geschichten trainieren Sie die wichtige Alltagsfähigkeit, Informationen kurz- oder langfristig zu speichern und wieder abzurufen.

Bewegungsgeschichten

Mit den Bewegungsgeschichten kommen Ihre Senioren richtig in Schwung! Die Bewegungsübungen steigern die Hirndurchblutung, die wesentlich zur Gesundheit und Funktion des Gehirns beiträgt und dadurch deutlich seine Leistungsfähigkeit erhöht. Diese Geschichten sind meist gekoppelt mit weiteren Trainingszielen, wie Koordination oder flexiblem Denken.

Achtung: *Berücksichtigen Sie unbedingt die Bewegungsfähigkeit Ihrer Teilnehmer. Bei Bewegungseinschränkungen machen diese nur so weit mit, wie es ihre Beweglichkeit erlaubt.*

© Verlag an der Ruhr | Autorinnen: Petra Bartoli y Eckert, Sabine Kelkel | ISBN 978-3-8346-4133-5

Knobelgeschichten

Die Knobelgeschichten turnen das Gedächtnis Ihrer Senioren wieder wach! Es werden, je nach Geschichtenart, unterschiedliche Trainingsziele verfolgt, wie z. B. assoziatives und logisches Denken, Wortfindung, Urteilsfähigkeit, Denkflexibilität und Langzeitgedächtnis.

Wahrnehmungsgeschichten

Laden Sie Ihre Senioren dazu ein, in Gedanken auf Sinnesreisen zu gehen! Ein gezieltes Training unserer Sinne trägt dazu bei, dass wir unsere Umwelt bewusster wahrnehmen. Die Wahrnehmungsgeschichten regen dazu an, etwas bewusst mit einem, mehreren oder allen Sinnen aufzunehmen. Die Absätze innerhalb der Geschichten kennzeichnen kurze Lesepausen, damit Ihre Teilnehmer ausreichend Zeit haben, die Wahrnehmungen besser zu empfinden.

Zum Aufbau der Geschichten

Jede Geschichte setzt sich aus einer **kurzen Anleitung** für Sie als Vorleser inkl. individuell einsetzbaren **Merkaufgaben**, der jeweiligen **Geschichte** selbst und **drei anschließenden Gedächtnisübungen** zusammen, die Sie optional im Anschluss an eine Geschichte stellen können. Dabei steigern sich sowohl die Merkaufgaben als auch die drei anschließenden Gedächtnisübungen im Schwierigkeitsgrad – von leicht bis schwer.

Tipps und Hinweise zum Einsatz

Wichtig ist, dass Sie als Anleiter alle Übungen an die **individuelle Leistungs- und Konzentrationsfähigkeit** Ihrer Teilnehmer anpassen. Wertschätzen Sie jede Äußerung – egal ob richtig oder falsch. Unterstützen Sie Ihre Teilnehmer bei Bedarf und lenken Sie Antworten in die richtige Richtung, nehmen aber keine vorweg.

Lesen Sie die Geschichten und Aufgabenstellungen unbedingt in einem **langsamen Tempo** und mit **klarer, deutlicher Stimme** vor, damit Ihre Senioren genügend Zeit haben, diese aufzunehmen.

© Verlag an der Ruhr | Autorinnen: Petra Bartoli y Eckert, Sabine Kelkel | ISBN 978-3-8346-4133-5